四川省高校人文社会科学重点研究基地——跨喜马拉雅研究中心"一带一路"背景下跨喜马拉雅高等教育共同体建设研究（KX2021C05）；
宜宾学院高层次人才"启航"计划项目：共建"一带一路"引领下成渝地区双城经济圈高等教育国际化发展研究（2021QH018）

新发展格局下四川深化南向开放探索

彭万　刘燕　著

吉林大学出版社

·长春·

图书在版编目（CIP）数据

新发展格局下四川深化南向开放探索 / 彭万，刘燕
著． — 长春：吉林大学出版社，2023.8
ISBN 978-7-5768-2017-1

Ⅰ．①新… Ⅱ．①彭… ②刘… Ⅲ．①区域经济发展
—研究—四川 Ⅳ．①F127.71

中国国家版本馆 CIP 数据核字（2023）第 165000 号

书　　名：新发展格局下四川深化南向开放探索
XINFAZHAN GEJU XIA SICHUAN SHENHUA NANXIANGKAIFANG TANSUO

作　者：彭 万 刘 燕
策划编辑：邵宇彤
责任编辑：蔡玉奎
责任校对：李潇潇
装帧设计：优盛文化
出版发行：吉林大学出版社
社　　址：长春市人民大街 4059 号
邮政编码：130021
发行电话：0431-89580028/29/21
网　　址：http://www.jlup.com.cn
电子邮箱：jldxcbs@sina.com
印　　刷：三河市华晨印务有限公司
成品尺寸：170mm×240mm　　16 开
印　　张：14.75
字　　数：205 千字
版　　次：2024 年 1 月第 1 版
印　　次：2024 年 1 月第 1 次
书　　号：ISBN 978-7-5768-2017-1
定　　价：88.00 元

前　言

　　当前我国已经全面开启中国特色社会主义现代化强国建设新征程，国民经济与社会高质量发展已经成为根本任务。在该任务驱动之下，中国特色社会主义新时代经济发展新格局就此全面形成。其中，创新、协调、绿色、开放、共享成为国民经济与社会发展的新发展理念，南向开放是新发展格局与新发展理念下中国经济实现高质量发展的重要推手。四川作为我国西南地区经济、文化、教育、科技中心，也是我国南向开放的主要省份之一，在南向开放道路上其经济发展取得了诸多举世瞩目的成果。随着时代发展脚步的不断加快，深化南向开放已成必然，而要达到理想效果还需不断进行探索与研究。对此本书进行了深入研究，具体分为七部分。

　　第一章作为本书的理论基础部分，主要针对新发展理念和新发展格局的定义及其内涵价值进行深入分析，由此确保四川深化南向开放道路的建设拥有坚实的理论基础。

　　第二章作为本书的时代背景部分，主要立足区域经济协调发展，从依托成渝地区双城经济圈促进四川区域经济高质量发展、抓住全面开放新格局机遇加速四川对外开放、依托区域经济"双循环"模式实现四川创新型发展三方面入手，对四川发展机遇进行深入分析，由此充分表明四川深化南向开放的迫切性。

　　第三章作为本书的可行性分析部分，主要以四川深化南向开放为前提，从形成区域经济优势互补、形成产业集群、构建新产能与新动能三方面，将其可行性加以深入分析，确保四川深化南向开放能够推动四川经济与社会实现高质量发展。

　　第四章作为本书的调查取证部分，主要立足四川及南向省份的区位经济互补、人力资源、文化认同三方面，明确四川深化南向开放的资源优势，为四川深化南向开放具体举措的提出提供重要依据。

第五章作为本书的实践基础部分，主要从坚持发展成果惠及人民的发展理念、坚持"稳中求进"的工作总基调、坚持区域经济优势互补的原则三方面，将新发展格局下四川深化南向开放应遵循的基本原则加以明确，力保四川深化南向开放全面提升经济与社会发展质量。

第六章作为本书的方案探究部分，从建立健全区域经济协同发展的产业体系、持续加强四川深化南向开放的人才资源建设、以供给侧改革为导向建设创新型产业链三方面，将四川深化南向开放工作要点加以明确，力保四川深化南向开放拥有明确方向。

第七章作为本书的成果展现部分，将四川深化南向开放的作用及举措进行深入研究与探索，明确四川深化南向开放能够推动经济发展质量变革、效率变革、动力变革，并且对推进区域经济协调发展、带动人民群众实现共同富裕、促进实体经济及互联网经济高质量融合发展等重要举措进行详细论述，力保四川深化南向开放加快四川经济与社会高质量发展的步伐。

本研究以当今时代发展大形势，以及四川战略发展大方向为切入点，并且以四川深入践行新发展理念的研究成果为重要依托，对四川深化南向开放的可行性、必要性、实践路径进行了深入的探索与研究，其研究成果能够为全面加快四川省经济与社会高质量发展提供重要的理论支撑和实践指导作用。

本研究是在本校课题研究指导小组精心指导下完成，指导小组每一位成员都对本研究提出了具有建设性的意见与建议，进一步增强了本研究内容的逻辑性和充实度。在这里，请允许笔者向其真挚的说一声"谢谢"，同时也祝愿指导小组每一位成员在今后的工作与生活中，工作顺意，万事如意。

作者
2023.01

目 录

第一章　新发展理念与新发展格局的定义及内涵价值

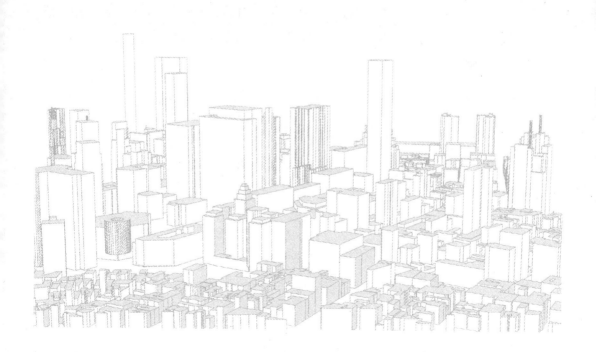

新发展理念的提出与深化落实对中国特色社会主义经济高质量发展有着至关重要的推动意义，是中国新发展格局形成的必要前提，所以在探究新发展格局下的四川深化南向开放道路中，应先明确新发展理念和新发展格局的定义和内涵价值，有助于四川省探索出具有高度可行性的深化南向开放重要举措。

第一节　新发展理念的定义及内涵价值

一、新发展理念的定义

新发展理念深刻揭示了实现更高质量、更有效率、更加公平、更可持续发展的必由之路，是关系我国发展全局的一场深刻变革。新发展理念是针对我国经济发展进入新常态、世界经济复苏低迷形势提出的治本之策。新发展理念是针对当前我国发展面临挑战提出来的战略指引。新发展理念集中反映了党对经济社会发展规律认识的深化，是我国发展理论的又一次重大创新。新发展理念要落地生根、变成普遍实践，关键在各级领导干部和群众的认识和行动。[①]

二、新发展理念的内涵价值

新发展理念作为中国特色社会主义新时代的重要发展理念，其核心内涵主要由五方面构成，即创新、协调、绿色、开放、共享。该理念在全面建设中国特色社会主义道路中有着鲜明的战略性、纲领性、引领性

---

① 李洁琼.以新发展理念引领发展[EB/OL].（2016-04-29）[2022-07-26].http://www.xinhuanet.com//politics/2016-04/29/c_128943741_2.htm.

作用，也是发展思路、发展方向、发展着力点的集中体现。随着中国新经济发展步伐的不断加快，全面深化落实新发展理念成为中国经济与社会发展的重中之重。在此之中，"创新"是中国经济与社会发展的"灵魂"，"协调"是全面加快中国经济与社会发展步伐的重要保障，"绿色"是确保中国经济与社会发展可持续性的重要前提，"开放"是中国经济与社会实现高质量发展的重要推力，"共享"是实现中国经济与社会发展价值最大化的关键所在。由此可见，在全面建设中国特色社会主义现代化强国道路中，必须将新发展理念内涵以及其内涵价值的深入解读放置于首位，由此才能更好地把握新时代建设现代化国家的发展思路。新发展理念的内涵价值及其分析可以从五方面进行阐述。

（一）创新发展是引领发展的首要动力

1.创新发展理念的深化过程

创新发展理念是在中国共产党人发展思维中逐渐形成的，其中不仅涵盖马克思主义理论与中国实践相结合的制度创新和理论创新，同时也是在学习西方科技的基础上所进行的超越与创新，这些从发展中进行的创新，以及在创新中的发展，使我国从几乎"一无所有"发展到如今世界第二大经济体。

在中华人民共和国建立初期，国家层面强调科技强国，鼓励全社会以科学为核心，"向科学进军"，要求通过教育科学强国兴国，培育出我国的知识人才和工业化人才，以实现"四个现代化"发展的要求。在制度创新与理论创新方面，要与发展的实际相结合，我国提出了创新性思想。创新性思想建立在实践的基础上，通过科学的方式对制度理论进行创新，走出了适合我国发展的道路。在这种社会发展的大背景下，我国取得了诸多科技成果，例如"两弹一星"、半导体等，在化工、汽车、钢铁等工业领域也取得了相应的成就，推动着我国工业化发展的新进程。

发展生产力的首要因素是提高科技水平，科学技术是第一生产力。

在科技发展的过程中需要加入创造性，科学与生产力之间有着密切的关系，并且这种密切的关系随着时间的推移，会变得越来越紧密。我国在生产力发展不足的情况下，积极引进国外先进的生产技术，同时，加大企业的升级优化力度，使企业在保证学会技术的同时，提高自身的创新能力，进而实现社会主义现代化建设的总体发展目标。在理论制度方面，我国建立了社会主义市场经济体制，并确立了与之相适应的基本经济制度以及配套的分配制度。

共产党人创新性思想在社会发展过程中不断完善，逐渐形成了系统且全面的创新思想体系。其一，进行国家创新体系建设，把科技创新放在经济社会发展的首位，将科技创新作为发展的重要动力源泉，经济社会发展的质量与程度、科技创新能力有着直接的关系。其二，坚持科教兴国与人才强国战略，对教育事业加大资金投入力度，建立更为高效的科技研发技术体系，注重高新技术人才的培养，从根本上解决科技发展过程中遇到的具体问题，进而推动国家各个领域的创新能力的发展。

创新对社会发展有着极大的推动作用。一方面，我国需要完善创新体制机制，将创新精神贯穿现代化建设的各个方面，推动产业结构调整步伐，促进国民经济的发展。另一方面，我国强调自主创新和科技进步，加强对核心技术的把控，提高知识产权的拥有率，把握科技革命的历史机遇，培养一批具有国际竞争力的企业。

我国在实践中发展而来的创新思想，不仅带来了经济飞速增长，而且为创新发展理念的提出提供了思想理论基础。

2. 创新发展理念的内容

创新发展理念的最终目的是提高我国经济发展水平和社会综合发展水平。以往只是单纯地将"创新发展"理解为"技术创新"，但创新发展理念并没有局限于这一认知，而是提出了更为全面而系统的理解，在理论、制度、科技和文化四个维度进行创新，并将理论创新放在创新发展理念的首要位置。这是我国创新发展形势的必然选择，这也充分体现出党在创新问题上的认知上升到一个新的高度。

第一，理论创新是创新的"脑动力"，是进行一切创新活动的精神支柱和灵感来源，是引领社会向前革新发展的导向性动力，这也是在广泛的社会实践中，面对新生事物而做出的新的认识和理解。在此期间，应立足中国特色社会主义经济发展的现实情况，同时将其与马克思主义政治经济学和科学社会主义相结合，从而形成中国特色社会主义创新发展理论成果，进而为中国特色社会主义经济未来发展提供方向性的指引。

第二，制度创新是创新的原动力，是建立在理论创新基础上的，引导社会和经济发展的关键因素，也是国家治理方式不断优化的重要手段和方法。通过有效的制度创新，一方面，要保证持续创新的社会体制机制的完善和有效；另一方面，要在体制机制革新中激发主体创新的活力，两者相互促进、相互补充，共同促进国家治理体系和治理能力的现代化，用科学的制度来保障我国的创新活动持续而有力地向前推进。

第三，科技创新是创新的主动力，是提高生产力的关键要素，同时也是实现国家现代化发展的重要因素，其可有效提升国家竞争力。从目前的社会发展实际来看，创新发展仍然最注重科技创新，科技创新引领国家进行全面创新发展。科技创新在经济生产力中具有战略支撑作用，在当下科技革命的竞争中，我国要抓住宝贵的机遇，建设创新型国家。

第四，文化创新是创新的软实力，其可有效地提升民族凝聚力，同时也是创新活动的精神动力。我国要在继承传统文化的基础上，对文化进行创造性的发展。弘扬创新文化，营造一个良好的崇尚创新文化的氛围，使人们将创新意识进行内化，促使全社会不断追求创新精神。

（二）协调发展是健康持续发展的内在要求

1. 协调发展理念的深化过程

在协调发展过程中，要将"弹钢琴"的工作状态体现于工作实践，即在弹钢琴的过程中，十个手指要相互配合，应用到工作中就需要工作的各个环节之间要相互配合。这一工作思路充分表明了协调发展的理念。我国要处理并协调好经济建设与国防建设等十大方面的关系，为社会主义建设指明方向。此外，"百花齐放、百家争鸣"的文化发展方向鼓励将经济建设与文化建设结合起来，齐头并进。

改革开放之后，国家的发展重心放在经济建设上，同时强调"现代化建设的任务是多方面的，各方面需要综合平衡，不能单打一"。① 我国还提出了"两手抓、两手都要硬"的战略总方针，即坚持物质文明建设与精神文明建设共同发展，不可有轻重之分。此外，我国还进行了"两个大局"的战略规划，对地理位置优越地区，要加大政策倾斜，充分利用沿海地区的区位优势，引入外资，率先发展；待东部地区发展成一定规模后，东部地区要对中西部地区进行资金和技术等全方位的支持，最终促进中西部地区的发展，实现不同区域间的发展平衡。

协调发展需要处理好三大产业、市场机制、宏观调控、对外开放等一系列十二个全局性的发展关系。落实西部大开发的发展战略，践行缩小区域差距这一重要方针，将农村领域建设与城镇化建设同时进行，推进区域间与城乡间的协调发展。

我国在经济发展过程中要充分调动各个方面的积极性，统筹兼顾现代化建设的各个方面，并同步进行推进，实现社会的协调发展。此外，我国还提出要推进新农村建设，进一步促进城乡之间的协调发展。为促进区域之间的协调发展，我国完善了区域战略发展的格局，西部大开发战略、振兴东北老工业基地战略、中部崛起战略先后实施，推进了区域协调发展。

协调发展理念在不同的历史时期，其侧重点不尽相同，但从根本上看，都有着一脉相承的完善的体系。新发展理念可以根据时代发展的需要，在前人经验的基础上进一步完善。

---

① http://cpc.people.com.cn/n1/2019/0726/c69113-31258204.html

2.协调发展理念的内容

社会的发展进步需要在各个方面、各个环节、各个因素上进行协调统一，这是一个系统而整体的发展过程，在这个过程中不可避免地会出现或快或慢发展的情况，要在发展中应对这些情况，要充分利用统筹兼顾的、综合平衡的发展方式。协调发展理念要以我国的实际发展情况为侧重点，立足于现阶段我国发展不均衡的问题，最终实现我国社会建设中的整体而全面发展。

第一，区域协调发展。要打破区域之间行政限制，打造出要素自由交换、公共服务均等、主体功能约束的区域格局，实现区域经济优化组合，坚持区域发展总体战略。在这一发展思想指引下，我国提出了"一带一路"、京津冀协同发展等一系列区域发展战略，旨在打破行政区划的限制，实现区域经济按照市场规律自由流动和优化组合。

第二，城乡一体化发展。我国提出要坚持城市支持农村，进一步推进以人为核心的新型城镇化，统筹推进城乡要素平等流动、基础公共服务均等和自然资源配置合理化，坚持城镇化、农业现代化和工业新型化统筹发展，继而形成城乡良性互动的发展局面，实现城乡一体化发展。

第三，经济建设与国防建设融合发展。这是我国实现富国和强军相统一的必由之路，在国防建设的重点领域和基础设施方面兼顾好安全和发展问题，深入推进军民融合发展，破除军民二元体制结构，使两者形成协调发展格局。

第四，物质文明和精神文明协调发展。不仅要增加人民的物质财富，还要注重精神文明的发展，不断丰富人民精神生活，坚定文化自信，增强文化自觉，"两个文明"协调推进，共同建设社会主义伟大事业。

（三）绿色发展是永续发展的必要条件

1.绿色发展理念的深化过程

在20世纪80年代前，我国的发展战略中已经具备了绿色发展的雏形。如种树计划，动员全体人民共同绿化祖国。20世纪50年代，我国坚持能源节约、勤俭治国的理念。在我国的第一个五年计划中，我国对森林覆盖面积做出了整体规划。绿色发展的理念为我国之后探索生态保护道路提供了良好开端。

控制人口、优化人与资源关系是绿色发展中关键的环节。人与资源之间存在着密切的联系，要坚持节约资源，解决人口多与资源不足的问题，继而实现人与生态之间的和谐共生。我国出台了《中华人民共和国环境保护法》，先后与各国际组织签署了一系列国际环保公约。这些举措一方面保障了我国的环保法治工作能够持续展开，另一方面又促进了我国与国际组织之间的生态环境保护合作与交流，树立了我国的大国形象。

在绿色生态方面，我国通过深入分析自身发展问题与生态问题之间的关系后，提出了实施可持续发展的战略。在经济发展过程中，要兼顾能源的使用效率，做到可持续发展。生态问题是国际性问题，西方国家的工业化给世界范围内的发展都带来了影响，并且把排污量大的工业转移至发展中国家。面临生态问题，各国应当承担共同但有区别的责任，才能为人类营造一个美丽家园。

如何处理好经济增长与生态保护之间的关系问题，科学发展观提供了解决的思路。科学发展观以绿色、低碳、循环为特征，摒弃"先污染、后治理"的发展模式，兼顾发展与生态，实现科技带动经济与保护生态环境相彰的发展道路，将建设"两型社会"（资源节约型社会、环境友好型社会）作为社会发展的重要目标。节约能源和资源，保护生态环境是我国生态建设中必须坚持的任务。践行科学发展观，提高人民生态道德素养，形成社会共识，大力宣传生态环境保护意义，创建保护环境、节约资源的良好风气。

2. 绿色发展理念的内容

绿色发展理念在我国绿色产业经济的发展、关于生态方面的法律法规的制定以及在健康绿色文化理念的宣传中发挥了重要推动作用，为我国实现可持续发展指明了发展方向。

第一，建设绿色经济发展体系。人类对经济发展的认识，由最初的"发展＝经济增长"发展观到后来的可持续发展观，经历了一个从无到有的历程。我国在经济建设初期，忽视生态的承载能力，造成环境恶化，随着经济与社会可持续发展战略目标和要求的提出，绿色发展理念也随之诞生。坚持走出一条绿色发展道路，实现传统制造业的绿色转型，建立绿色低碳循环发展模式，实现"绿""富"共赢。

第二，完善绿色文明制度法律。无规矩不成方圆。面对生态环境的矛盾，我国要做到把控源头、监管实施以及严惩过程，要善用法律规章制度来约束人类行为，控制人类实践活动。完善绿色文明制度法律是实现绿色发展的重要保障，制定严格的生态环境保护制度法律，施以科学管理，解决人与自然矛盾，为生态文明建设保驾护航。

第三，宣传绿色生态文化观念。绿色生态文化观念作为一种价值取向，渗透于人民群众社会生活的各个方面，体现于人民群众消费模式、生产方式之中。人民群众是绿色生活方式的享受者，也应是生态文明建设的践行者。要建设制度化、大众化的生态文化宣传体系，培育全民生态自觉，发挥群众监督作用，让生态文明在全社会扎根，实现人与自然和谐共处。

（四）开放发展是国家繁荣发展的必由之路

1.开放发展理念的深化过程

保证国家主权和领土完整是对外开放的核心要求。对外资的吸引和利用是建设社会主义的积极措施，是实现经济发展的巨大助力。我国实现快速崛起首要的是解决资本问题，在不触及我国法律的前提下，可以积极吸引所有可用外资以满足我国经济发展的需要。对外开放思想为之后的开放发展理念奠定了基础。

我国基于国际国内的发展实际，坚定认为对外开放是推动经济发展的正确方向，并且认为改革与开放同等重要，要坚持对内改革，对外开放。我国设立经济特区、开放城市等，积极开展了对外开放的整体布局和规划工作，使我国的开放格局雏形基本形成。在1985年，我国将改革开放确立为社会主义建设的基本战略。1987年，我国强调要提高开放水平，为社会主义建设提供良好外部条件。1992年，我国提出只要对建设社会主义有益的，都要积极借鉴和吸收。历史证明，改革开放战略是科学的，它为中国经济快速发展提供了巨大动力。

对外开放对我国经济社会发展有着重要意义，对外开放体系也进一步得到发展。我国要在自力更生的前提条件下，利用好国外技术资金，进一步完善对外开放体系。我国积极参与处理国际事务，对外开放的层次与水平逐步提高，对外开放的领域逐步拓展，我国的国际影响力也逐年提升。我国的对外开放在维护独立自主的前提下，落实国家经济安全第一的原则，积极提升我国社会经济的发展能力，充分保证对外开放的效益提高。

我国要充分利用发展机遇，明确科学的发展目标，发挥科学发展观的作用，进一步深化我国开放发展理念。一是再次肯定对外开放作为我国的基本国策的正确性。二是对开放的内涵和深度进行延伸，构建全面开放的经济开放新格局。三是发挥大国作用，提升国际影响力，为建设良好国际秩序贡献力量。四是倡导开放战略需要坚持互利共赢的发展理念，积极寻求外部合作，实现共赢开放。开放发展应当作为提高生产力的重要途径，提升我国社会经济发展能力，提升我国社会的开放水平。

2. 开放发展理念的内容

在我国社会经济发展过程中，自给自足的模式日益被打破，我国确立了对外开放的发展政策。我国贯彻开放发展战略，实现进出口贸易平衡，努力开创对外开放的新局面。

第一，共赢开放，实现各国共赢发展是我国实行对外开放战略的目标之一。我国经济的飞速前进离不开国际市场的开放，现如今我国实力日渐强大，也要将经济发展成果惠及世界各国。我国始终奉行互利共赢的开放政策，无论国家的意识形态，无论国家的大小强弱，都坚持互利、互惠、平等的开放原则，实现各国之间优势互补，在开放过程中皆有所获。

第二，全面开放，是指我国在保持和世界各国交流合作的基础上，对国内的开放布局进行优化，实现区域间开放举措、开放空间和开放内容相互协调融合，地区间实现生产要素有序自由流动，与国际市场深度融合，形成多层次、有重点的全方面开放发展新格局。

第三，公平开放，努力为中外企业营造公平竞争的发展环境。我国要加强外商投资领域法治建设，改变以前通过税收、资源等引资方式，营造良好的投资环境，加大执法、政策等方面的沟通力度，吸收借鉴国外的先进制度经验，在竞争规则上寻求最大公约数，以进一步深化国际合作。

第四，安全开放，是开放过程中要遵循的最根本、最基础的原则和要求，随着我国对外开放的广度拓展，安全问题不容忽视。

（五）共享发展是中国特色社会主义的本质要求

1.共享发展理念的深化过程

在我国革命和建设过程中，人民是创造历史的动力，在工作中要尊重人民，要坚持为人民服务。"为人民服务"已成为党的根本宗旨，并在宪法中体现。

党在总结发展的经验教训上，结合国际国内发展情况，认为社会主义的优越性体现在维护广大人民群众利益上。1985年，先富带后富的思想强调，要"让一部分人先富起来"，再通过资金和技术支持带动引导其他人也步入富裕行列。1992年，我国再次强调，我国是社会主义国家，社会主义就是要实现人民共同富裕。共同富裕思想为中国特色社会主义发展确定了基本方向。

1997年，党指出，在社会主义初级阶段要保障人民共享经济繁荣成果；2002年，党再次指出，要提高人民生活质量，使全体人民充分地享受小康生活，保证人民可以共享发展成果。此外，我国逐步建立了社会公平的保障体系，将经济发展成果惠及整个社会。

在提出"发展成果由人民共享"的命题后，产生了"共建共享"的发展理念。共享发展应当建立在人民共同建设社会主义的基础上，推动社会公平，实现人民建设、人民享受。要坚持把发展同改善民生结合起来，解决与人民群众关系最直接的现实利益问题。这个时期的共享范围已经不仅仅是经济方面，而是拓展至文化、安全等领域，将共享与经济发展、社会发展相关联，融入国家发展理念中。

2. 共享发展理念的内容

第一，全民共享是目标。社会主义国家性质决定了中国社会经济发展成果属于全体人民。首先，就覆盖面来讲，这里的人民，是各阶层、各民族、各地区的人民。其次，全民共享是有差别的共享，共享主义并不是搞"大锅饭"，而是要付出一分、回报一分，之间互成比例。最后，要将收入差距控制在一定区间，实现人民之间有差别的共享，既不能出现两极分化，又要保证人民的生产积极性。

第二，全面共享是内容。全面共享是经济、政治、文化、社会和生态等各方面的共享。社会的发展是全面的发展，人民的需求是全面的需求。全面共享的任何一个方面都不可或缺。虽然经济共享是最为重要的共享，但并非唯一的共享，要满足人民群众对精神文化、社会保障、生态环境等方面的需求，解决好人民群众最关心的利益问题，做好社会领域全方位共享。

第三，共建共享是基础。共同建设中国特色社会主义事业为实现全民共享、全面共享奠定基础。随着中国特色社会主义现代化强国之路的全面开启，人人参与和坚守底线已经成为实现这一最终目标的必备条件，所以建立完善的共建共享机制成为中国特色社会主义建设与发展的一项重要任务。其间，在人人共建的过程中，要尊重人民主体地位，激发人民建设社会事业的创造性，坚持机会公平，保障民主民生，完善社会主义共享制度。

第四，渐进共享是途径。共享发展过程是一个从低级到高级、从不均衡到均衡的渐进过程，不可能一步到位、一蹴而就。实现共享发展，需要一步一个脚印，充分认识到我国仍处于社会主义初级阶段，仍需要强化经济质量、加强政治建设和丰富文化生活等，需要不断补齐发展中的短板，坚持理性有效可行的发展进度，实现经济持续发展。

第二节 新发展格局的定义及内涵价值

新发展格局是新经济时代背景下，中国共产党全面加快中国特色社会主义经济建设与发展步伐所提出的一项重要决策，更是全面加快国民经济与社会发展步伐的有力推手。对此，在全面探索区域经济高质量发展的道路中，必须将新发展格局的定义以及内涵价值做出深入分析。

一、新发展格局的定义

纵观当前我国经济与社会发展所处的时代大环境，可以看出我国正处在百年未有之大变局之中，经济与社会发展不仅迎来前所未有的发展新机遇，同时也面临着前所未有的新挑战。在此时代背景之下，要加快构建以国内大循环为主体、国内国际双循环相互促进的新发展格局。①

构建新发展格局，是以习近平同志为核心的党中央根据我国发展阶段、环境、条件变化，审时度势做出的重大决策，是把握未来发展主动权的战略性布局和提前规划，是新发展阶段要着力推动完成的重大历史任务，也是我国新时代新经济发展的一项重要内容。踏上全面建设社会

---

① 晓山.新时代高素质党员干部三十六种意识[M].北京：东方出版社，2021：32-33.

主义现代化国家新征程，我国经济与社会的发展必须准确把握构建新发展格局的科学内涵，深化认识构建新发展格局的内在逻辑，深入理解构建新发展格局的理论体系，以更好地指导各方面实践工作。

二、新发展格局的内涵价值

新发展格局明确指出要以国内大循环为主体、国内国际双循环相互促进，由此全面加快国民经济与社会发展步伐。其间，区域经济协同发展会出现，"高质量"也会成为国民经济与社会发展的代名词，这也充分说明新发展格局的内涵在中国特色社会主义经济发展中有着极为深刻的价值。新发展格局的内涵价值分析如下。

（一）准确把握科学内涵

结合新发展格局的基本内涵，可以看出将其转化为现实的首要条件就是全面开创高水平的对外开放，需要建立在强大的国内经济循环体系和稳固而扎实的国内基本盘上，以国内经济的自身优势形成对全球要素资源的强大吸引力。所以要重点关注利用国际循环提升国内大循环的效率和水平，同时提升我国生产要素的质量和配置水平。由此方可构建起以国内大循环为主体、国内国际双循环相互促进的新发展格局，打破市场和资源相互脱离的旧模式，形成"以内为主、内外兼修"，并且手里掌握发展主动权的新发展格局。在此期间，应将侧重点落在以下多个方面。

1. 构建新发展格局的关键在于经济循环的畅通无阻

经济循环指在社会再生产的过程中，在形式上表现为生产、分配、交换、消费四个环节的循环往复，其中生产与消费是关键的两个环节。整个社会再生产过程的起点是生产，而这一过程的终点是消费，消费循环至生产，又是新一轮社会再生产过程的起点。经济循环可以顺畅地运行，究其本质就是要彻底打通生产与消费之间的阻塞。从整体上看，经济社会是一个不断发生变化的动态循环系统，若每个环节都紧密相连，整个循环系统运行流畅，这时经济发展也会顺利进行。构建新发展格局的关键就在于让经济从根本上顺畅而有序地运行，与此同时，各种生产要素间的组合在生产、分配、交换、消费各个环节中可以有机地进行衔接，从而让循环可以顺利地流转起来。

2. 构建新发展格局最本质的特征是实现高水平的自立自强

高水平的自立是立足于国内，实现自身可控制的、自主的、安全有序的发展。而高水平的自强建立在自立的基础上，增强科技的持续产出和供给，实现更高水平的创新发展。国际实践和历史经验也表明，从引进吸收到原始创新，科技自立自强是创新的必由之路。当前，旧的生产函数组合方式已经难以持续，科学技术的重要性全面上升，我国必须更强调自主创新，实现高水平的自立自强。

3. 构建新发展格局的强大动力是更深层次改革和更高水平开放

一个国家、一个民族要取得很好的发展，必须处理好其内部和外部联系。向内看，改革又到了一个新的历史关头，推进改革的复杂程度、敏感程度、艰巨程度不亚于之前。向外看，经济全球化遇到一些回头浪，但世界决不会退回到相互封闭、彼此分割的状态，开放合作仍然是历史潮流。每一轮的改革总是伴随着新一轮的开放，更深层次的开放总是推动着改革进一步迈向纵深。我国要继续用足用好改革这个关键一招，围绕坚持和完善中国特色社会主义制度、推进国家治理体系和治理能力现代化，推动更深层次改革，实行更高水平开放，为构建新发展格局提供强大动力。

4. 构建新发展格局的优势条件是国内超大规模市场

大国经济发展的重要优势是由众多人口所形成的超大规模市场，超大市场容量能够推动劳动分工深化，进而促进生产技术提高、生产成本降低以及产业竞争力提升。我国具有全球最完整、规模最大的工业体系，具有强大的生产能力、完善的配套能力，有条件、有能力充分发挥大国经济的规模效应和集聚效应。依托人口数量、国土空间、经济体量、统一市场等条件，这种全面发展的超大规模国内市场是新发展阶段我国构建新发展格局的显著优势。这既为我国应对不确定性因素提供了充足有效的回旋余地，也为经济持续稳定发展提供了巨大潜力和强力支撑。

5.新发展格局不是封闭的国内循环，而是开放的国内国际双循环

从经济学意义上分析，国内大循环是以满足国内需求为出发点和落脚点，以国内分工体系和市场体系为载体，以国际分工和国际市场为补充和支持，以国民经济循环不断顺畅、国内分工不断深化、国家技术水平不断提高为内生动力的经济循环体系。国际大循环是以国际分工和国际市场为基础，以国际产业链和价值链为依托，以国际贸易、国际投资和国际金融为主要表现形式，各经济体基于比较优势相互竞争、相互依存的经济循环体系。在经济全球化的大背景下，国际大循环必然与各国经济循环相对接，各国经济也需要在开放中利用国际和国内两个市场、两种资源才能实现更好发展。新发展格局以国内大循环为主体，并不意味着不重视对外开放，也不意味着要挤压或放弃国际大循环，而是在更高水平融入国际经济循环体系的同时，从我国国情出发，遵循大国经济发展规律，以畅通国民经济循环为主构建新发展格局，以国内分工和技术创新的发展推动国际分工和国际技术创新的发展。

6.新发展格局是在新发展阶段对发展战略的提升和深化

改革开放以来，我国经济快速发展、综合国力大幅提升，为构建新发展格局奠定了坚实的供给基础、需求基础、制度基础、实践基础、理论基础，提供了战略窗口期。新发展格局是我国顺应经济发展规律，着眼于发挥具有全球最完整且规模最大的工业体系、强大的生产能力、完善的配套能力、超大规模内需市场、投资需求潜力巨大等发展优势，根据我国发展阶段、环境、条件变化提出的，是对既有发展战略的提升和深化。换言之，新发展格局是高质量发展在新发展阶段的具体体现，构建新发展格局依然要坚持稳中求进的工作总基调，坚持新发展理念，坚持以供给侧结构性改革为主线，坚定实施创新驱动发展战略、乡村振兴

战略、区域协调发展战略等一系列国家重大战略。同时,在新发展阶段实现更高质量发展,也需要根据内外部环境的变化,围绕构建新发展格局进行新一轮的顶层设计和总体规划。因此,新发展格局具有继承与创新辩证统一的内涵和特征。

7.构建新发展格局必须扭住扩大内需这个战略基点

内需是我国经济发展的基本动力。扭住扩大内需这个战略基点,就要把满足国内需求作为发展的出发点和落脚点,使生产、分配、交换、消费更多依托国内市场,提升供给体系对国内需求的适配性,形成需求牵引供给、供给创造需求的更高水平动态平衡;就要适应我国消费结构升级进程加快的趋势,既稳步提高居民收入水平、打通阻碍释放消费潜力的痛点和堵点,又积极扩大优质商品进口,满足不同类型人群的消费需求;就要用好积极财政政策,扩大有效投资,加快新型基础设施建设,深入推进实施重大区域发展战略,加快国家重大战略项目实施步伐,促进技术进步和战略性新兴产业发展。在新发展格局中,供求平衡关系不仅体现在静态视角下供求的总量平衡上,而且体现在适配性上的高水平动态平衡上。

8.构建新发展格局必须提升自主创新能力、突破关键核心技术

实践证明,只有把关键核心技术牢牢掌握在自己手里,才能建立起不受制于人的产业链、供应链,畅通国内大循环。提升自主创新能力、突破关键核心技术,不仅是成功构建新发展格局、实现高质量发展的关键,而且是建设更高水平开放型经济新体制、形成国际合作和竞争新优势的关键,关乎我国发展全局和经济安全。要发挥新型举国体制优势,加强科技创新和技术攻关,强化关键环节、关键领域、关键产品保障能力;要对标世界一流,加强前沿探索和前瞻布局,打好关键核心技术攻坚战,提升产业链、供应链现代化水平,打造发展新优势。

9.构建新发展格局是一个全局性的战略决策

人们应当认识到,发展国内大循环,不是让各地搞区域内循环或产业

内循环，而是要促进各个地区、各个产业之间的分工协作和贸易流通，畅通整个国民经济循环。构建新发展格局，是应对中长期问题、重塑我国国际合作和竞争新优势的国家整体性战略决策，是事关全局的系统性深层次变革，是大国经济发展的客观要求，而不是应对某个局部、某一问题的被动之举。在理论和实践中，须从全国一盘棋的高度看待国内大循环，把新发展格局放在新时代中国特色社会主义发展的战略安排中来把握。

（二）深入认识内在逻辑

总的来看，新发展格局与新发展理念、供给侧结构性改革以及高质量发展一脉相承，其既深化了对社会主义经济发展规律的认识，阐述了在我国经济发展环境出现变化的情况下畅通国内大循环的基本路径，还阐释了在经济全球化遭遇逆流、国际经济循环格局发生深度调整的情况下，国内循环与国际循环相互促进的辩证关系，其中蕴含了严密的逻辑体系，是马克思主义政治经济学的最新理论成果，也是我国进入新发展阶段把握发展主动权的理论创新。

第一，构建新发展格局是主动选择的战略举措。大国经济的优势就是内部可循环。我国经济向以国内大循环为主体转变。近年来，经济全球化遭遇逆风，全球投资经贸规则面临重构。面对外部环境变化带来的新矛盾、新挑战，必须集中力量办好自己的事，最大限度激活内生动力和内生因素，以国内发展基本趋势向好的确定性应对外部环境变化的不确定性。

第二，坚持供给侧结构性改革是战略方向。国民经济可以分为供给和需求两个基本方面，不同国家不同时期的经济改革和管理是从供给侧入手还是从需求侧入手，应以经济发展的矛盾运动要求为根据。当前，人民对美好生活的向往已经从"有没有"转向"好不好"，迫切需要提高供给质量和效率。我国要充分认识到，畅通经济循环最主要的任务是供给侧有效畅通，有效供给能力强可以穿透循环堵点、消除瓶颈制约。必须坚持深化供给侧结构性改革这条主线，继续完成"三去一降一补"（去产能、去库存、去杠杆、降成本、补短板）的重要任务，全面优化升级产业结构，提升创新能力、竞争力和综合实力，增强供给体系的韧性，形成更高效率和更高质量的投入产出关系，实现经济在高水平上的动态平衡。

第三，坚持扩大内需是战略基点。纵观世界各国，大国经济一般都是内需主导型经济。消费是我国经济增长的主要引擎。我国人均国内生产总值已经超过 8 万元人民币，按年均汇率折算为 12 551 美元，我国成为全球最大最有潜力的消费市场。投资是内需的重要组成部分，也是扩大再生产、促进技术进步的重要途径。在工业化方面，新型工业化不断深化，推动产业转型升级，发展战略性新兴产业蕴含巨大投资潜力。在城镇化方面，我国户籍城镇化率还不高，仍有较大上升空间。实施扩大内需战略，是保持我国经济长期持续健康发展的需要。要把实施扩大内需战略同深化供给侧结构性改革有机结合起来，以创新驱动、高质量供给引领和创造新需求。

第四，突破关键核心技术是主攻方向。关键核心技术是国之重器。把关键核心技术掌握在自己手中，是迈向科技强国的必经之路。科技自立自强就是要减少对国外技术尤其是关键核心技术的依赖，要集中突破一批关键核心技术，协同推进原始创新、技术创新和产业创新，形成科技创新和制造业研发高地。

第五，提升产业链现代化水平是中心任务。提升产业基础能力是构建我国现代产业体系的底板工程，是影响和决定产业发展质量、产业链控制力和竞争力的根本保障。产业链现代化实质是用当代科学技术和先进产业组织方式来武装、改造传统的产业链，推动产业发展由要素驱动转向创新驱动，使产业链具备高端链接能力、自主可控能力和领先于全球市场的竞争力水平。就当前而言，我国迫切需要加强产业基础能力建设，加快实施产业基础再造工程，打好产业基础高级化、产业链现代化攻坚战，建立共性技术平台，发挥协同联动作用，全面塑造创新驱动发展新优势，不断提升科技支撑能力。

第六，构建新发展格局要处理好三大关系。要处理好供给和需求的关系，把实施扩大内需战略同深化供给侧结构性改革有机结合起来；要处理好开放和自主的关系，既要以我为主，充分发挥超大规模的市场优势，又要更好地吸引全球资源要素，发展更高层次的开放型经济；要处理好发展和安全的关系，安全是发展的前提，发展是安全的保障，发展和安全要同时发力，才能将构建新发展格局的战略部署落到实处。

（三）新发展格局是新时代的战略抉择

1. 新发展格局是我国发展新阶段的战略需要

外部环境是影响国家发展战略格局的重要因素。从 20 世纪 40 年代开始，国际局势经历着深刻变化，20 世纪 70 年代经济全球化时代开启。面对国际形势，我国发展格局做出及时调整，从自力更生、艰苦创业的国内循环，转变为积极参与经济全球化进程、立足自身资源禀赋和竞争优势的"两头在外"发展格局。

2008 年国际金融危机打乱了经济全球化进程，世界局势再次经历重大而深刻的变化，西方大国主导的全球化动力衰减，我国逐渐成为全球经济的主要引擎。当今世界正经历百年未有之大变局，同时，这个大变局正在加速变化，全球产业链、供应链因非经济因素而面临冲击，国际经济、科技、文化、安全、政治等格局都在发生深刻调整，这次百年未有之大变局比以往任何一次都更为复杂。国际环境需要我国因时势而变，以国内大循环为主体、国内国际双循环相互促进的新发展格局的提出，是我国发展新阶段的重大的战略调整，是以习近平同志为核心的党中央在重大历史关头总揽全局、科学运筹的充分体现。在世界不确定性因素日益增多之际，新发展格局为我国充分利用各种有利条件、应对各种风险挑战、维护和扩大发展利益提供了可靠的保证。

2. 新发展格局是塑造我国参与国际合作和竞争新优势的格局

大国经济具有雄厚的战略纵深，诸如广阔的国土和丰富的劳动力资源，参与国际合作和竞争具有传统优势。就我国而言，传统优势还表现在历史形成的全产业链体系上。中华人民共和国在成立后的 30 年间，在异常艰难的历史条件下建立起独立而完整的国民经济体系，特别是部门齐全的产业体系，培养了一大批技能和纪律良好的产业工人队伍。改革开放后，我国在积极参与国际分工合作过程中大大提升了这一传统优势，成为全球唯一全产业链的生产大国。随着中国特色社会主义进入新时代，我国社会主要矛盾已经发生变化，传统优势越来越不能满足人民群众美好生活的需要。构建以国内大循环为主体、国内国际双循环相互促进的新发展格局，是解决上述问题的必由之路。只有加快构建新发展格局，才能充分利用自身丰富的资源优势，开启大国经济更高水平的国内大循环；只有加快构建新发展格局，才能更好地激发创新活力，实现高质量发展；只有加快构建新发展格局，才能塑造我国参与国际合作和竞争新优势。

3. 新发展格局是办好自己的事与引导好经济全球化走向的新格局

作为世界和平与发展的中坚力量，我国办好自己的事就是对全球经济的最大贡献。在世界局势复杂多变的环境下，办好自己的事就是稳住全局的定海神针，是应对风云变幻的"压舱石"。随着我国经济实力的增强，我国经济的世界意义越来越凸显出来。第一，我国是抗击全球经济风险的中流砥柱。这在最近的两次世界性经济危机中得到充分体现。1998 年亚洲金融危机爆发，我国展现了一个负责任大国的国际担当，稳定汇率，确保人民币不贬值，帮助东南亚国家走出了困境。2008 年，由美国次贷危机引发的国际金融危机爆发，我国实施积极的财政政策和适度宽松的货币政策，并积极参与维护国际金融稳定，促进国际经济合作与稳定。作为负责任的大国，我国将继续和全世界人民一道共同抵御各种经济风险。新发展格局就是世界进入动荡变局中的中国稳局，必将发挥全球经济稳定器的作用。第二，我国是拉动世界经济增长的最大引擎。我国连续 14 年成为全球最大的经济引擎，多个年份的全球经济增长贡献率超过 30%。2020 年，我国经济从新冠（新型冠状病毒感染，简称"新冠"）疫情中率先恢复，成为全球唯一实现经济正增长的主要经济体，为世界经济复苏注入了信心。

2008 年金融危机爆发以来，西方主要经济体增长乏力，各种突发状况又给全球经济致命一击。我国在此次金融危机中，果断做出优化调整，以此将影响降到最低，为全球经济走出低谷起到了至关重要的带动作用。然而，中国巨大的经济成就离不开世界，世界经济同样也离不开中国，中国与世界已经深度地融合在一起。作为负责任的经济大国，我国肩负着引导全球经济走向的国际责任。我国将一如既往踏踏实实办好自己的事，构筑全球经济发展的稳定柱石，与世界人民一道致力全球经济的复苏与繁荣，这将在新发展格局中得到充分展现。

4.新发展格局是以人民为中心、实现人民对美好生活向往的新格局

新发展格局的目标是发展，而发展则是为了人民。加快构建以国内大循环为主体、国内国际双循环相互促进的新发展格局，归根结底是为了满足人民群众对美好生活的需要。美好生活是建立在高质量发展基础之上的，高质量发展又是与新发展格局相辅相成的。目前国内经济循环还存在着诸多可优化空间，在供给侧和需求侧两方面都存在着短板和堵点，这就需要加快构建新发展格局，释放国内大循环的发展潜力。加快构建新发展格局，在畅通国内大循环中提高供给侧质量和需求侧水平，在国内和国际双循环促进中构建高质量发展，在更高水平上使人民对美好生活的向往成为现实。

5.新发展格局具有丰富的理论内涵

新发展格局具有丰富的理论内涵，体现了新时代社会化大生产条件下分工协作关系的内在机理，把生产、分配、交换、消费与新时代国内外发展条件有机结合起来，科学揭示了我国经济运行的新特点和新规律，

体现了中国特色社会主义政治经济学的方法论。新发展格局是历史逻辑、现实逻辑、理论逻辑的统一。构建以国内大循环为主体、国内国际双循环相互促进的新发展格局，充分彰显了中国特色社会主义道路自信、理论自信、制度自信、文化自信。新发展格局理论是马克思主义基本理论与中国具体实践相结合的产物，是 21 世纪马克思主义的重要内容。

（四）以高水平开放打造合作竞争新优势

1. 以高水平开放筑牢新发展格局的物质基础

改革开放以来，我国经济社会发展取得巨大成就，为形成新发展格局奠定了坚实的物质基础。在经济总量上，我国国内生产总值由 3 679 亿元增长到超过 100 万亿元，占世界经济的比重从 1.8% 上升到 18% 以上，对世界经济增长做出巨大贡献。在对外经济交往上，我国货物进出口总额从 206 亿美元增长到 42.07 万亿美元，10 年内累计使用外商直接投资超过 1.2 万亿美元，2021 年对外直接投资存量达 2.79 万亿美元。在产业发展上，我国建立了世界上最完整的现代工业体系，主要农产品产量跃居世界前列，服务业对经济增长的贡献率稳步提升。在基础设施建设上，我国已拥有现代化的铁路网和发达的高铁网，公路、水运、航空、管道、电网、信息、物流等基础设施发展迅猛。我国还有世界上规模最大、最具成长性的中等收入群体，消费增长潜力巨大。同时也应认识到，我国仍是世界上最大的发展中国家，发展不平衡不充分的问题尚未解决，创新能力还有待提升，发展质量和效益还不够高，满足人民日益增长的美好生活需要的任务还很艰巨，构建新发展格局的基础还不够牢固。解决这些问题，关键仍然在于发展。开放带来进步，封闭必然落后。在"你中有我，我中有你"的开放型世界经济中，关起门来搞发展是行不通的，改革开放才是正确之路、强国之路、富民之路。夯实国内大循环的坚实基础，实现国内国际双循环相互促进，迫切需要以更高水平开放推动更高质量发展。

2. 以高水平开放打造新发展格局的动力系统

近年来，越来越多的国家出现了低增长、低通胀、低利率和高债务、高收入差距、高资产价格的"三低三高"问题，世界经济增长屡屡超预期下行。在全球各种突发状况的冲击下，影响经济增长的风险加速累积和暴露，一些国家经济出现了衰退，世界经济增长动能不足。塑造发展新动力，需要以高水平开放推动建设开放型世界经济。一方面，以高水平开放深度参与国际分工，分享"得自贸易的收益"，形成我国与外部世界共赢发展的局面。从长远看，经济全球化仍是历史潮流，各国分工合作、互利共赢是长期趋势。另一方面，以高水平开放促进技术创新、突破技术瓶颈，提升我国在产品、产业、产业链上的位置优势。在更高水平开放中，通过技术创新和规模拓展做强、做稳我国具有显著优势的产业、产品，使其成为全球产业链上难以替代的关键节点，进而为国内大循环和国内国际双循环输入不竭动力。

3. 以高水平开放强化新发展格局的制度保障

国际制度和规则普遍适用性提高，是当今时代经济全球化的主要特征之一。在各国经济相互依存的经济全球化时代，高度开放和共享的经济发展道路可以成就全球经济又好又快发展。

其间，在打造更高水平的开放新格局中，首要任务是推动实现由商品和要素流动型开放向规则等制度型开放转变。这就需要我国积极参与全球治理体系改革和建设，引领国际规则制定，不断提升国际制度性话语权，为新发展格局创造更加有利的国际制度环境。制度是关系党和国家事业发展的根本性、全局性、稳定性、长期性问题。新时代改革开放的重要特点是制度建设分量更重，改革更多面对的是深层次体制机制问题，对改革顶层设计的要求更高，对改革的系统性、整体性、协同性要求更强，相应地建章立制、构建体系的任务更重。推动各方面制度更加成熟、更加定型，既要立足本国实际，又要吸收借鉴国外有益的制度创新成果。在更高水平开放中，对接国际规则和制度体系，可以不断为国内改革提供突破口和动力，从而为构建新发展格局提供更加有力的体制机制保障。

（五）用足用好改革是关键

在全面构建经济社会发展新格局的道路中，我国要保持勇往直前、风雨无阻的战略定力，用足用好改革这个关键一招，持续深化体制机制改革和制度创新，加快形成以国内大循环为主体、国内国际双循环相互促进的新发展格局。

我国全面深化改革从夯基垒台、立柱架梁，到全面推进、积厚成势，再到系统集成、协同高效，一路蹄疾步稳、勇毅前行，在新起点上实现了新突破，为构建新发展格局夯实了显著制度优势和坚实改革基础。当前，构建新发展格局仍面临一些制度障碍，涉及多方面体制机制改革和制度创新，迫切需要推动更深层次改革，解决我国经济社会发展中存在的发展不平衡不充分问题，满足人民日益增长的美好生活需要。要改变以往"大进大出""两头在外"的经济发展模式，推动我国经济高质量发展。要维护产业链、供应链安全稳定，提高竞争力，牢牢把握发展主动权，维护国家经济安全。要用好国际、国内两个市场，两种资源，重塑我国国际合作和竞争新优势，从而进一步解放、发展和保护社会生产力，畅通国民经济循环，把制度优势、改革能量转化为治理效能。

当前，世界百年未有之大变局加速演进，国内改革发展稳定任务艰巨繁重。构建新发展格局，必须统筹中华民族伟大复兴战略全局和世界百年未有之大变局，做好较长时间应对外部环境变化的思想准备和工作准备，准确识变、科学应变、主动求变，善于化危为机，集中力量办好自己的事。既注重加强改革前瞻性研究，把握矛盾运动规律，守正创新、开拓创新，更加积极有效应对不稳定不确定因素，增强斗争本领，拓展政策空间，提升制度张力，又坚定不移扩大对外开放，增强国内国际经济联动效应，统筹发展和安全，全面防范风险挑战。

推动更深层次改革，畅通国民经济循环。当前，生产、分配、交换、消费各个环节还存在不少堵点。畅通国民经济循环，必须充分发挥改革这个关键一招的作用，紧紧抓住供给侧结构性改革这条主线，增强供给的精准性、灵活性、有效性；把满足国内需求作为发展的出发点和落脚点，加快构建完整的内需体系，着力打通生产、分配、交换、消费各个环节的堵点。在生产上，发挥新型举国体制优势，集中力量开展核心技术攻关，着力提升我国自主创新能力，解决关键核心技术"卡脖子"问题，加快推进制造强国建设，进一步提高我国产业链、供应链的稳定性和竞争力。在分配上，健全体现效率、促进公平的收入分配制度，进一步缩小收入差距，持续巩固拓展脱贫攻坚成果，培育壮大中等收入群体，让改革发展成果更多更公平惠及全体人民。在流通上，坚持用改革的办法降低制度和物流成本，把建设现代流通体系作为重要战略任务，带动国民经济总体运行效率提高。在消费上，努力提高居民收入水平，完善覆盖全民的社会保障制度和社会信用体系，提升居民消费的能力和信心，打造世界最强大的消费市场。

推动更深层次改革，进一步提高资源配置效率，提高发展质量和效益，调动各方面积极性。坚持社会主义市场经济改革方向，尊重市场经济一般规律，最大限度减少政府对市场资源的直接配置和对微观经济活动的直接干预，充分发挥市场在资源配置中的决定性作用，更好发挥政府作用。构建更加完善的要素市场化配置体制机制，建立健全统一开放的要素市场，提高劳动、资本、土地、知识、技术、管理、数据等要素的市场化配置效率，激发全社会创造力和市场活力。进一步深化"放管服"改革，持续优化营商环境，为更多市场主体投资兴业创造良好的市场环境，释放企业改革发展活力。建立现代产权制度，完善新领域新业态知识产权保护制度，全面实施市场准入负面清单制度，全面落实公平竞争审查制度，筑牢社会主义市场经济有效运行的体制基础。把构建新发展格局同实施国家区域协调发展战略、建设自由贸易试验区和自由贸易港等衔接起来，推动规则、规制、管理、标准等制度型开放，在有条件的区域率先探索形成新发展格局，打造改革开放新高地。

在构建新发展格局中用足用好改革这个关键一招，需要统筹考虑短期应对和中长期发展，加强改革举措的系统集成、协同高效，推动各项制度相互衔接、形成合力，在抓落地见实效上加大力度、加快进度、拓展深度，为构建新发展格局提供强大动力。

（六）把握"改革""对外开放""创新"动态关系为重中之重

从我国经济社会新发展格局的全面构建角度出发，在不同阶段明确所要打造的发展环境和发展条件是关键所在，其间不仅需要多方积极参与，还要确保彼此能够保持相互协同，由此方可确保新发展格局的全面形成。对此，构建新发展格局，必须把新发展理念贯穿发展全过程、各领域，统筹发展和安全，通过推动更深层次改革、更高水平开放、更大力度创新，打造加快形成新发展格局的动力系统，为经济可持续发展提供强大的保障力。

第一，改革是解放和发展社会生产力的关键，是推动国家发展的根本动力。加快形成新发展格局，既要从国民经济各个部门、各个领域、各个地区、各个环节、各个层次全面畅通国内大循环，也要以全球视野看待我国发展的比较优势和短板弱项，以国内循环促进国际循环、以国际循环促进国内循环。这就要求我国拿出更大勇气、更多举措，以更深层次改革打通阻碍国内国际双循环的淤点和堵点，特别是加快推进有利于提高资源配置效率、提高发展质量和效益、调动各方面积极性的改革。强化竞争政策的基础性地位，深入实施市场准入负面清单制度，落实公平竞争审查制度，打造市场化、法治化、国际化营商环境，以开放、服务、创新、高效的发展环境吸引人才、资本、技术等各种要素以及企业和产业集聚。坚决打破部门、地区、行业分割并加强政策协同，加快建设统一开放、竞争有序的高标准市场体系，实现劳动、资本、土地、知识、技术、管理、数据等生产要素价格市场决定、流动自主有序、配置高效公平。坚持供给侧结构性改革这个战略方向，打通生产、分配、交换、消费各个环节，提升供给体系对国内需求的适配性，畅通产业循环、市场循环和经济社会循环。深化金融改革，坚持"房子是用来住的、不是用来炒的"定位，引导各类资源要素更多流向实体经济和科技创新领域。

第二，对外开放是基本国策，是我国经济持续健康发展的一个重要动力。加快形成新发展格局，既要坚持以高水平对外开放提高国内大循环的质量和效益，打造国际合作和竞争新优势，又要通过发挥内需潜力，更好利用国际、国内两个市场，两种资源，实现更加强劲可持续的发展。这要求我国全面对接国际高标准市场规则体系，实施更大范围、更宽领域、更深层次的全面开放，推动规则、规制、管理、标准等制度型开放。加强与"一带一路"沿线国家和地区的务实合作，积极与愿意同我国合作的国家、地区和企业开展合作，加快形成全方位、多层次、多元化的开放合作格局。把构建新发展格局同自由贸易试验区、自由贸易港建设等衔接起来，在国内部分地区加快形成对外开放新高地。把握全球产业分工格局变化和贸易转型的机遇，大力发展基于数字技术的贸易新业态和产业新模式。健全外商投资准入前国民待遇加负面清单管理制度，按照政府主导、多方参与的原则，建立健全外商投资服务体系，不断提升外商投资服务能力和水平。积极参与全球经济治理体系改革，促进贸易和投资自由化、便利化，推动构建更高水平的国际经贸规则、形成更加公平合理的全球经济治理体系。加强与世界各国的合作，共建开放合作、开放创新、开放共享的世界经济局面。

第三，创新是引领发展的第一动力，是统筹发展和安全、实现产业安全和经济安全的保障。加快形成新发展格局，既要大力提升自主创新能力，尽快突破关键核心技术，牢牢把握创新主动权、发展主动权，又要以科技创新为支撑，在更高起点、更大空间推动比较优势转换，在国内国际双循环相互促进中提升我国在全球产业链、供应链、价值链中的地位。这要求我国把创新放在首要位置，依靠创新转方式、调结构、增动力。创新体制机制、加大投入力度，提高基础创新和原始创新能力，从源头上解决各种核心技术与关键技术背后的重大科学难题。发挥集中力量办大事的制度优势、超大规模市场优势、完备产业体系的产业基础优势，创造有利于新技术快速大规模应用和迭代升级的环境，强化关键环节、关键领域、关键产品保障能力。鼓励引导企业加强技术改造，加快数字化、智能化、绿色化转型，注重利用技术创新和规模效应形成新的竞争优势。加快实施产业基础再造和产业链提升工程，巩固重点产业链，突破关键产业链，抓紧布局战略性产业链。支持具有人才、科技、产业和市场等优势的地区协同推进原始创新、技术创新和产业创新，形成创新高地和发展高地。以科技创新引领新产业、新业态、新模式发展，全面提高我国经济发展的科技贡献率、劳动生产率和资本回报率。坚持开放创新，加强国际科技交流合作，共同解决全球发展中的重大难题，为人类文明进步提供中国方案、做出更大贡献。

第二章　区域经济协调发展背景下四川的发展机遇

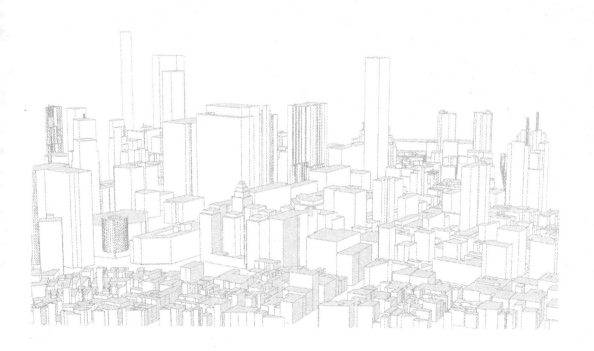

"区域经济协调发展"作为中国特色社会主义经济发展的一项重要任务，也是全面加快中国特色社会主义经济发展步伐的根本动力条件。在全面构建中国经济与社会发展新格局的道路中，将区域经济发展作为一项重要战略。在该战略指引之下，成渝地区双城经济圈的建设、全面开放新格局的打造、区域经济"双循环"模式的形成是伟大成就。四川省是我国西南地区发展水平较高的省份，在区域经济协调发展战略深化落实的背景之下迎来前所未有的发展新机遇。笔者在正式开始本章论述之前，先通过图2-1将区域经济协调发展背景下四川省发展所面临的机遇加以直观体现，并在本章内容中做出系统分析。

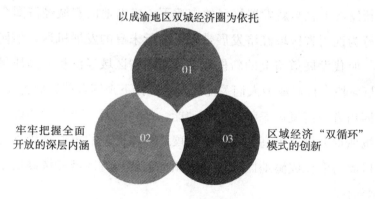

图 2-1　四川省经济发展新机遇归纳

如图 2-1 所示，区域经济协调发展作为当今国民经济与社会发展的基本格局，为国民经济与社会实现高质量发展提供了良好的发展契机，各省经济与社会发展也迎来了前所未有的新机遇，四川省更是有三个发展机遇需要牢牢把握，最终才能实现全省经济的高质量发展。对此，笔者在本章就通过三节内容将上述三个机遇进行深入分析，具体如下。

第一节　成渝地区双城经济圈促进四川区域经济
高质量发展

成渝地区双城经济圈是新发展格局下的重要产物，其意义、作用、价值具有明显的特殊性。具体而言，由于成渝地区双城经济圈地处长江上游，覆盖四川盆地，东西南北分别与湘鄂、青藏、云贵、陕甘地区毗邻，地理位置的重要性决定其在我国经济发展新格局下要承担重要的"角色"，而这也正是成渝地区自古以来就是西南地区发展水平较高的地区原因之一。面对成渝地区双城经济圈的全面建设与运行，四川省以此为依托可确保区域经济实现高质量发展。笔者在本节内容中就对该观点做出系统性阐述，希望广大读者能够从中受到一定的启发。

一、抢抓重大机遇提高四川经济发展的"加速度"

在新发展理念与新发展格局的支撑下，成渝地区双城经济圈全面建设与运行为四川省区域经济发展带来了前所未有的发展机遇，如何充分抓住这一时代发展道路上的新机遇，让四川省区域经济步入高质量、快节奏发展阶段，自然成为人们关注的焦点。接下来笔者就以此为立足点，从当前四川省经济发展态势、创新动能、开放能级、融合融通四方面入手，将抢抓重大机遇提高四川经济发展"加速度"的重要举措进行逐一说明，以此为依托成渝地区双城经济圈促进四川省区域经济高质量发展提供必要前提。

（一）发展态势方面

早在 2011 年，四川省就全面开启了成渝地区双城经济圈的建设之路，历经 5 年的发展，区域经济与社会发展面貌已经有了明显改变，随之国家也对成渝地区双城经济圈建设与发展提出了更为明确的要求，即到 2020 年将成渝地区建设成为经济活力极强、生活品质极高、生态环境极为理想的国家级城市群。经过当地政府和人民 4 年的不懈努力，成渝地区双城经济圈全面建成，对西南地区经济全面发展起到至关重要的带动作用。四川省正处于成渝地区双城经济圈中心地带，截至 2022 年，四川全省经济增长极为明显，区域经济发展的势头强劲。

在此期间，2021 年，四川全省经济总量已经达到 5.38 万亿元，经济增长速度为惊人的 8.2%。就在这一年，四川省也成为我国西部地区首个经济总量超过 5 万亿元大关的省份。进入 2022 年，四川全省生产总值已经达到 5.67 万亿元，与 2021 年同比增长 5% 左右[①]，已经远远超出预期目标，经济发展态势良好。

（二）创新动能方面

通过上文的相关数据可以看出，成渝地区双城经济圈建设为四川省区域经济发展带来了前所未有的推动作用，极具创新性的产业化发展模式以及生态化发展理念的深入贯彻与落实则是动力源泉所在。而"创新"是关键中的关键，充分表现出四川省区域经济发展道路中强大的创新动能，该动能的产生需要经过多方共同努力来实现。

其中，政府投资、政府引导与服务、科学产业政策体系、多方创新组织是必不可少的条件。就政府投资而言，充分发挥"创新管道"和"延伸管道"的作用，确保产业链条的建设不仅体现出创新性，更体现出延伸性。就政府引导与服务而言，需要激发小微企业创新发展的积极性，进而使其成为区域经济创新发展的新主体。就科学产业政策体系而言，最大限度挖掘我国制造业产业体系的独有优势，让生产制造型企业发展的"新亮点"充分凸显出来，形成技术、工艺、材料上的创新。就多方创新组织而言，大力组织企业、高校、科研机构的系统发展，进而使区域经济创新发展拥有源源不断的高水平人才，助力区域经济高质量发展路径的实施革新，充分发挥区域经济发展的优势。

---

① 数据来源：四川省人民政府网站。

（三）开放能级方面

就四川省区域经济发展而言，"开放能级"指的就是通过大力实施对外开放手段，将四川省建设成为开放强省，由此确保国外优质资源和市场真正进入四川省内，助力四川省区域经济实现又好又快发展。面对当前成渝地区双城经济圈的全面建设与发展，四川省必须全力提升开放能级，为区域经济高质量发展提供强大的推动力。

1.通过加大基础设施建设力度来拓宽对外开放通道

从区域经济发展的必要前提角度出发，基础设施建设是根本的前提条件。在着力打造成渝地区双城经济圈背景下，四川省区域经济发展之路建设中，不仅要将深度挖掘并满足国内需求放在重要位置上，更要将对外开放提升到新的高度，由此方可确保产业化发展始终处于前所未有的高度。其中，不断加大基础设施建设力度就成为最基本的环节，引进国际优秀资源并迅速占领国际市场也要将加大基础设施建设力度作为重中之重，继续加强客运专线建设、国内与国际物流通道建设、5G基站建设等多个方面就成为必不可少的环节，由此确保四川省区域经济对外开放通道的立体综合承载能力不断提升。

2.通过扩大对外开放平台实现对外开放水平的进一步提升

在依托成渝地区双城经济圈实现四川省区域经济高度对外开放的道路中，加大基础设施建设拓宽对外开放通道是重要前提，更重要的还是将对外开放平台进行不断延伸，让对外开放的水平实现跃升。其间，既要做到全面加大保税区建设力度，还要加大对外口岸平台的建设力度。除此之外，还要致力于在四川省全省范围内建立更多国家级开发区和高新技术产业开发区，确保四川省对外开放资源能够得到全面整合，真正使四川省对外开放平台达到最大化和对外开放水平可持续提升。

3.通过立足完善和创新经济环境来提升开放性

就成渝地区双城经济圈建设的环节构成而言，"扩大内需""外资引入""对外出口"是三个至关重要的环节，其间国内市场运行环境和国际市场运行环境的构建成为成渝地区双城经济圈建设的重要工作。确保运行环境顺利形成必须要有三个基本条件：第一，要针对国内和国外投资企业建立一套完整的联系机制；第二，要加强国内和国外投资企业的信用体系建设；第三，为国内与国外投资企业提供精准服务。这让四川省在经济体制上实现进一步完善和创新，让区域经济发展环境的开放性得到进一步提升。

4. 通过打造产业集群来提高国际市场核心竞争力

"产业集群化"作为当今社会产业带动区域经济发展的一项重要举措，是确保区域经济全面提升市场核心竞争力的关键突破口。四川省在区域经济协调发展背景下全面构建区域经济发展道路的过程中，走"产业集群化"发展之路是必然条件。在此期间，既要将焦点集中在高端产业的聚集区建设之上，还要注重集约发展优势产业项目，利用好国内资源和引进国际优质高端资源，进而确保产业聚集势头强劲，让优质产品与服务出口世界各地，实现四川省各产业的国际市场核心竞争力的不断提升。

5. 通过创建城市品牌实现引领区域经济高质量发展

城市品牌的全面形成是区域经济高质量发展的最终环节，也是区域经济发展呈现出高质量状态的一种直观表现。就四川省区域经济高质量发展而言，依托成渝地区双城经济圈最终实现区域经济高质量发展也是如此，将其转化为现实更是一项系统的工程。其间，必须高度明确将企业作为城市品牌建设的主体，而市场则是要充分发挥出主导作用，政府则要为企业提供强大的推动力，行业则要通过各种调节手段为企业助力，并且要始终倡导全社会的积极参与，由此方可保障城市品牌建设不仅更有特色性和竞争力，同时能够发挥引领区域经济高质量发展的作用。

（四）融合融通方面

加快融合融通进程显然是四川省区域经济发展道路中，依托成渝地区双城经济圈加快区域经济实现高质量发展的重要推手，故此也是实践道路中的重要抓手。其中，既要大力发挥互联网无线联通优势，全力打造"云办公""在线设计""直播互动"促进区域实现深度融合，还可以通过打造虚拟现实平台的方式，用沉浸式线上体验产品增强区域经济融合的效果，开辟出更为广阔的区域经济融合融通发展之路。

二、立足"一极一源、两中心两地"目标强化重点领域高水平合作

"一极一源、两中心两地"目标的全面实现是成渝地区双城经济圈全面建设与运行的成果体现，而将该目标真正转化为现实则是一项系统的工程，在实践中必须做到不断强化重点领域高水平合作。笔者认为，实施过程必须有一套完善的流程作为支撑，必须包括的步骤主要有三个，具体如下。

（一）"一极一源、两中心两地"目标的明确

成渝地区双城经济圈全面建设与运行的最终目的明确，就是将四川省和重庆市打造成为中国西南地区经济发展的中心地带，由此带动我国西南地区经济又好又快发展。四川省区域经济发展显然要有明确的战略目标作为支撑，"一极一源、两中心两地"正是党中央为四川省区域经济发展所做出的明确目标定位。

具体而言，四川省要成为西南地区发展的重要增长极，在经济发展和科技创新发展中扮演重要角色，形成经济高度开放、生活品质极高的中心地带。其中，国土开发空间扩大、区域协同发展、人才高度聚集、创新创业活力不断提升是"一极一源、两中心两地"目标全面实现的根本表征。

（二）"强强联手"助力全方位高水平开放局面的形成

打造成渝地区双城经济圈重要的目的之一就是要让成都和重庆地区联手，建立起内陆地区经济发展新高地。在该经济圈全面打造的全过程中，深度明确将"开放"二字作为根本，并且要做到开放的全方位和高水平，进而与长江经济带、西部陆海新通道之间形成联动，充分展现出纽带作用。在此期间，开放的区域要定位泛欧、泛亚，联系东亚与东南亚以及南亚地区，这是在做到以国内大循环为主体的基础上，实现国内国际双循环的高质量运行，开放的范围和水平也会达到最大化的新要求。

此外，在该经济圈全面打造的全过程中还明确体现了将重庆和成都地区建设成为全国极具影响力的经济中心，并且在科技创新领域能够发挥区域中心作用，在引领新时代经济开放发展新潮流的同时，还打造出经济、科技、生态协同创新发展的宜居环境。为此，进一步促进该区域轨道交通建设和引进国字号重大项目就成为当下乃至未来川渝地区经济发展的重要内容，由此确保重庆和成都地区经济发展能够有重要的增长极和新动力，进而充分适应党中央、国务院所制定出的 21 世纪经济发展新布局。

（三）确定重点领域高水平合作的基本方向

就成渝地区双城经济圈的构建过程而言，实际操作必须做到真正落到实处，而确定重点领域高水平合作的基本方向是重中之重。首先，必须明确重点领域高水平合作的项目范围；其次，明确高水平合作的方向；最后，明确具体的合作方法和路径。在这里，由于明确项目范围是基本前提，所以笔者就这一个环节做出明确阐述，范围主要包括三方面。

1. 明确成渝地区双城经济圈的枢纽节点

成渝地区双城经济圈的建设与运行过程正如同人体生长发育和行为过程，每个环节必须保持同步进行，还要确保运行过程有枢纽节点发挥重要支配作用。这样成渝地区双城经济圈的建设与运行过程方可始终保持最佳状态，充分发挥经济带动作用。在此期间，枢纽节点不仅包括重庆和成都两个中心城市，还包括泸州、攀枝花、广元、达州四个枢纽城市，为四川省区域经济向东、向西、向南、向北发展提供重要的支撑条件。

2.确定实现"一极一源、两中心两地"目标的关键性因素

区域经济高质量发展的过程必须在一系列支撑条件共同作用下完成，依托成渝地区双城经济圈实现"一极一源、两中心两地"目标的过程也不例外。四川省区域经济在这些重要支撑条件的作用之下，可实现高质量发展。在此期间，产业集群建设、高水平人才、生态保护等领域发展是必不可少的支撑条件，更是"一极一源、两中心两地"目标实现的关键。其中，产业化人才培养、产业化发展政策、创新创业教育、文化特色挖掘、现代金融业扶持、基础设施建设、物流服务业扶持等因素是实现"一极一源、两中心两地"目标的关键性因素，也是依托成渝地区双城经济圈促进四川省区域经济高质量发展必须具备的前提因素。

3.精准把握重点领域高水平合作项目范围

在明确成渝地区双城经济圈枢纽节点，以及实现"一极一源、两中心两地"目标的关键性因素基础上，要深度明确重点领域高水平合作项目范围。其中，产业集群建设必须强调国际优质资源的强力引入，高水平人才的培养必须强调高校产教融合模式的全面化构建与实施，生态保护工作必须突出新技术、新工艺、新材料的全面开发，力求四川省区域经济发展在始终具有高度可持续性的前提下，实现又好又快发展目标，让重庆对外开放大通道更好地融入进来，极力将四川省打造成为金融强省、生态强省、经济强省、创新强省。

三、牢牢把握"一干多支、五区协同"战略部署实现经济发展的高质量

"一干多支、五区协同"作为新经济发展背景下四川经济发展的一项

战略性举措，也是当前四川省区域经济面对新时代经济发展大环境所打造的区域经济发展新格局，更是全面推进四川省区域经济加快高质量发展步伐的重要战略举措。为此，结合区域经济协调发展背景，依托成渝地区双城经济圈促进四川省区域经济高质量发展就必须牢牢把握"一干多支、五区协同"战略部署。笔者认为必须从以下三方面入手。

（一）"一干多支、五区协同"战略的解读

在当今时代背景下，四川省区域经济发展道路中，"一干多支、五区协同"已经成为一项发展战略。其基本内涵非常明确，就是将成渝地区双城经济圈作为重要依托，通过合理的空间结构变化，确保区域经济能够保持协同、平衡、可持续发展态势。其中，统筹、协调、组织是关键中的关键，让成都平原经济区能够得以形成，并充分发挥出带动作用，以此让川南经济区能够形成一体化、自动化、同城化发展，助力川东北经济区、攀西经济区、川西北生态示范区又好又快发展。

（二）"一干多支、五区协同"战略实施的侧重点

在"一干多支、五区协同"战略部署深化落实道路中，必须明确基本的着力点包括什么，由此方可确保各个领域的各个环节不断加以完善和细化，力求战略部署同步进行，这也正是战略部署实施过程中的侧重点。这具体包括三方面：第一，要将其优势充分挖掘，发挥区域范围内的资源优势；第二，要充分突出其特色，力求区域经济发展的优势资源和条件能够形成互补；第三，要注重实施过程的联动性，确保四川省区域经济发展得到整体性提升。除此之外，特别要注重南向开放的门户建设，由此确保有更多区域外的优势资源和条件顺利进入，全力加快四川省区域经济又好又快发展步伐。

（三）"一干多支、五区协同"战略实施的注意事项

"一干多支、五区协同"战略的全面深化落实明确并牢牢把握侧重点是关键所在，对于侧重点的把握需要在多个方面加以高度重视。具体而言主要包括两方面：第一，在"一干多支"落实过程中，要将成都与"环成都经济圈"加以区分，强调后者在前者中作为独立的分支；第二，在"五区协同"实施过程中，要做到"环成都经济圈"和成都的相互协同，进而构建出成都平原经济区，这样"五区协同"的局面才能真正形成，更好地带动区域经济实现高质量发展。

四、放眼四川发展能级打造中国经济增长的战略后方

在物理学中，能级是指电子等粒子处在的位置，能级越高就意味着能量越大，在现代社会该理论也延伸至经济领域。随着成渝地区双城经济圈的全面建设，四川省以此为依托大力提升其能级水平可推动区域经济实现又好又快发展，进而让四川地区成为当代乃至未来中国经济增长的战略后方，助力我国西南地区经济的全面发展。其间，实施过程必须在以下三方面加以高度重视。

（一）核心功能的做优做强

笔者已经在"抢抓重大机遇提高四川经济发展的'加速度'"部分明确创新动能不断增强可以确保四川省区域经济依托成渝地区双城经济圈实现经济又好又快发展，并将政府从中发挥的作用和功能进行了具体阐述。如何将其功能真正做优做强，直接关系四川开放能级的不断提升，直接影响依托成渝地区双城经济圈实现区域经济高质量发展的最终成果，同时也影响四川省能否成为中国经济高质量发展的战略后方。在这里笔者就将做优和做强核心功能做出明确阐述。

1.成都地区极核地位高度明确

从生物学角度来看,"极核"是绿色开花植物特有的部分,是被子植物胚囊的重要组成部分之一,位于胚囊的中心位置,其作用在于帮助种子受精和提供养料。如果将四川地区视为一颗种子,成都作为四川省的省会,西南地区中心城市,在带动四川省区域经济发展道路中,必然要始终发挥输送养料的作用。所以,在依托成渝地区双城经济圈实现区域经济高质量发展的道路中,四川省发展能级必须先高度明确成都地区作为"极核",由此为加快我国西南地区发展和具有全球影响力的国际大都市的建设进程提供有利前提,最终让四川成为中国经济增长的战略后方。

2.能源交通的核心地位日益明确

川观智库在《四川新能源汽车产业发展报告(2022)》中,已经明确指出,四川新能源汽车产业在过去一年多时间里保持了高速度增长。其中,"绿氢之都"的全面建成,以及新能源核心资源、材料、技术产业链的全面形成,标志着四川省在该领域已经走在全国前列,成为中国能源交通发展的核心,为中国新经济增长发挥着重要推动作用。特别是在成渝地区双城经济圈全面建设与运行的大背景下,川渝两地能源交通领域发展实现优势互补,为四川全面深化南向开放积累了成功经验,更是四川成为中国经济增长战略后方的直观体现。

3.国家中心城市的核心功能做优做强

"十四五"规划深入落实开展以来,国家中心城市所肩负的核心功能也随时代的发展逐渐发生改变,科技创新成为国家中心城市的核心功能之一,也是全面改变国家中心城市经济发展道路,建立城市经济发展新模式的新要素。成都市作为西南地区中心城市,在依托成渝地区双城经济圈提升能级的道路中,显然要把科技创新作为重要的核心功能,以此确保进一步加快城市能级水平的提升速度。其中,最有效的做法是围绕产业打造创新链,进而让科技创新成为成都建设国家中心城市的最强音符。

（二）"怎么看、怎么办、怎么干"的高度明确

任何一项公共事务的深入落实都要有清晰而又准确的视角、系统化的流程、科学化的方法作为重要支撑，四川省依托成渝地区双城经济圈实现区域经济高质量发展也不例外，特别是在发展能级打造中国经济增长战略后方道路中更是如此。其间，针对"怎么看"而言，要立足中国特色社会主义经济发展大趋势，以及党中央为四川省区域经济发展所提出的战略目标和要求，找准区域经济发展的新方向。针对"怎么办"而言，要立足新发展理念，以创新、协调、绿色、开放、共享为基本理念，确保四川省全省范围内各领域又好又快发展，进而实现区域经济的可持续大幅跃升。针对"怎么干"而言，要确保集约节约用地、耕地资产保护、助力乡村振兴步伐不断加快、有效控制自然灾害风险等多项工作的全面开展，由此在提升四川省发展能级的同时，让四川省成为中国经济增长的战略后方具备更多理想条件。

（三）空间结构调整的深入落实

在上文中，笔者指出四川省在依托成渝地区双城经济圈发展能级，进而将四川省打造成为中国经济增长战略后方的过程中，必须明确成都"极核"的地位，然而"极核"的作用成分发挥必须要有合理的空间布局作为保证，由此方可积蓄能量并最大限度释放出来。在此期间，主城区、新城区、高新技术产业开发区、经济技术开发区、郊区做优做强是首要环节，随之要确保每个区域都有产业园区、创新创业园区、科技园区嵌入其中，真正形成城园相融的空间布局。在空间结构趋于稳定的状态下，要力求区域之间的短板能够得到及时补强，并且在核心功能上不断增强。另外，在用地结构方面得到全面优化，力保产业能级提升的需求与产业空间承载能力之间高度适应，进而保证区域协调发展并带动周围区域经济实现放射状发展，这也是打造中国经济增长战略后方必不可少的、关

键性的条件。

综合本节所阐述的观点可以看出，成渝地区双城经济圈的建立为四川省区域经济走向高质量发展发挥了至关重要的推动作用，而该作用的体现是新发展理念下四川省区域经济未来发展之方向所在，也是全面开放新格局的深层诠释。其间，如何真正做到紧紧抓住全面开放新格局这一发展机遇，实现四川省区域经济对外开放步伐的不断加快就成为摆在广大专家与学者面前的重要问题，笔者在本章下一节内容中就以此为立足点做出明确且系统的阐述。

第二节　全面开放新格局加速四川对外开放

就经济发展而言，对外开放的质量决定经济发展的水平，特别是在全面开放新格局已经形成的背景之下。四川省在社会主义经济发展道路中，已经深刻认识到全面开放新格局为之带来前所未有的新机遇，其将高质量的全面对外开放作为一项重要战略部署，牢牢抓住开放新格局所提供的新机遇，实现区域经济又好又快发展。

伴随国民经济与社会发展新发展理念与新发展格局的形成，全面对外开放已经成为当今经济与社会发展的主题，不断加大全面对外开放的力度会加快各省、自治区、直辖市对外开放的步伐，进而推动区域经济实现高质量发展目标，四川省自然也不例外。其间，三项重要举措会加速对外开放的进程，并助力区域经济走向高质量发展，如图 2-2 所示。笔者以此为立足点，对加速对外开放的途径做出系统性阐述。

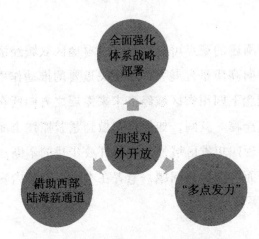

图2-2　四川省加速对外开放的途径

一、借助西部陆海新通道开拓贸易

西部陆海新通道的全面打通是四川省紧紧抓住全面开放新格局所提供的新机遇，努力加速对外开放进程的一项重要举措，让国内大循环和国内国际双循环助力四川省区域经济实现高质量发展。其间，国际铁路联运、与"长江黄金水道"的相互联通是有力的抓手，为最大程度拓展贸易范围发挥了强有力的推动作用。

（一）国际铁路联运助力四川省打造内陆开放型经济试验区

国际铁路联运是指通过铁路向两个或两个以上国家进行货物移交，其间由一国发起之后不需发货人和收货人参与的一种铁路运输组织方式。该运输方式不仅是一种极为高效的货物转运途径，更是扩大对外开放，实现优质资源和优质市场有效吸纳的理想手段。为此，在全面开放新格局下，四川省打造全面对外开放道路过程中，已经将国际铁路联运作为一项重要的建设工程，从而实现通过西部陆海新通道扩大对外贸易范围，并最终达到将四川省打造成为内陆开放型经济试验区的目的。

（二）与"长江黄金水道"联通加速形成国际贸易运输新模式

"长江黄金水道"是长江水运通道的美称，是我国东西水运的大动脉，干线航道上起云南水富港，下至长江入海口，跨度达到 2 838 千米，为沿江城市及地区的经济发展提供动力。四川省作为长江上游地区，依托长江大力发展交通运输业可将四川省与沿海地区紧密联系起来，为全面开放新格局下四川省进一步实现对外开放提供理想的契机。为此，在2022 年，四川省着力建设"长江黄金水道"向上延伸工程，将其规划为国际贸易运输新模式构建的重要组成部分，其最终实现成都都市圈与其他经济圈之间的紧密相连，加快四川省全面对外开放的步伐。

二、"多点发力"支撑四川省高水平对外开放

随着中国特色社会主义经济发展新格局的全面形成，四川省已经将"高质量"作为区域经济发展的重要目标，并且将"高质量对外开放"作为根本立足点，确保在不断加快区域经济发展进程的同时，更保证发展的高质量和可持续性不断提升。其间，"多点发力"成为形象的概括，具体表现主要包括以下三方面。

（一）西部科学城的大力构建

西部科学城坐落于重庆市和四川省成都市，规划占地面积为 1 559.6 平方千米，是未来成渝地区实现全面发展的核心条件。其中，重庆市西部科学城占地 1 198 平方千米，四川省成都市西部科学城占地面积达361.6 平方千米，两地西部科学城都有一个核心区，即重庆高新区直管园和成都科学城。除此之外，坐落于重庆的西部科学城还有北碚、沙坪坝、九龙坡—江津、璧山四大创新产业片区，坐落于成都市的西部科学城则包括新经济活力区、成都天府国际生物城、东部新区未来科技城和新一代信息技术创新基地四个重点区域，其目标就是依托省内、国内和国际

高校、企业、科研院所,开展基础科研、技术攻关、成果转化、产业发展研究与探索,确保区域创新资源能够最大程度整合与开发,为科技创新、资源开发、区域经济发展提供重要引领作用,并支撑四川省高水平对外开放的全力落实。

(二)综合性科学中心的全力建设

就当前四川省建成和在建的综合性科学中心而言,项目已经涉及信息技术、生物医药、空间天文、轨道交通等多个领域,总投资更是超过了 14 亿元。[①] 在这里,特别需要强调上述项目具有一定的特殊性,具体表现在两方面。

1.多学科交叉研究成为综合性科学中心建设的主要目的

随着当今时代科学技术的飞速发展,各领域之间的延展性正在不断增强,新生事物层出不穷,也促进交叉学科相继出现,各项事业迎来前所未有的发展机遇,这为科研工作的开展提出更高的新要求。四川省面对全面开放新格局牢牢把握新机遇,通过不断提升科研水平来加大对外开放的力度,力求国内外先进科研成果能够高度共享,进而促成其他领域的优势互补,助力区域经济的协同发展,建设具有多学科交叉性质的综合性科学中心就是重要的着力点之一。例如,中国科学院光电技术研究所与西南交通大学共同建设的柔性基底微纳结构成像系统研究装置项目,在实验室建设过程中,不仅高校、企业、科研院所会参与其中,国内外有关团体也会参与进来,集众多优势条件完成科研项目,学科交叉性难题可以实现全力攻破,科研成果可转化为产业发展的技术核心,助力区域经济发展。

2.为成渝地区双城经济圈战略实施提供强有力的支撑条件

重庆市自 2021 年起,开始进一步加大对成渝地区双城经济圈建设的

---

① 天府发布.6个支撑项目,布局成都科学城! [EB/OL].(2020-05-20)[2022-07-26].
https://xw.qq.com/cmsid/20200520A0H3L200.

投入力度，全力支持成渝综合性科学中心建设，以求为成渝地区双城经济圈产业协同发展和人才引进提供强有力的支撑平台，并且为全力推进成渝地区双城经济圈对外开放提供强大的推动力。成都市也随即出台一系列相关政策，确保培育综合性科学中心的制度体系更加完善，为全面加快区域产业协同发展和人才引进提供强力支撑，确保经济发展之路的对外开放程度得到进一步提升。在此期间，综合性科学中心规划布局较为完善，在吸纳科技创新产业集群的同时，成都市科技局和四川省科技厅提供人力、物力、财力方面的支持，并且强势引进国外相关领域顶尖人才、顶尖企业、顶尖科研团队，助力产业链的相互交叉，形成新的产业集群，以国内大循环为主体、国内国际双循环相互促进，实现四川省全领域高度对外开放新局面的形成。

（三）科技创新中心平台的积极打造

从当前四川省抢抓全面开放新格局机遇所取得的显著成果来看，四川省政府统筹布局，大力开展科技创新中心平台的建设，确保全面开放不仅能拥有理想而又广阔的平台，还能力保四川省各领域避免技术和产业发展出现"脱轨"现象，更能避免产业链构建与发展中"卡脖子"等现象出现，这是全面加快四川省区域经济又好又快发展进程的一项有力举措。其间，四川省政府积极联合各高校共建国家和省级科技创新平台562个，包括国家级科技创新基地71个、省级科技创新基地491个，在一定程度上降低技术和产业"脱轨"以及产业链构建核心环节"卡脖子"现象出现的概率。其具体措施包括三方面。

1. 倡导并鼓励省内高校与企业和科研院所的强强联合

随着中国特色社会主义新时代的到来，高校作为全面培养创新创业型人才的前沿阵地，更是中国特色社会主义事业高质量人才的摇篮，全面开放新格局的形成正是中国特色社会主义事业发展必经之路，高校必须将高质量人才培养与全面开放新格局紧密联系起来，力求高质量人才所学知识、技能、创新思维能够转化为科研成果。另外，企业与科研院所作为加快国民经济和社会发展进程的中坚力量，在全面开放新格局下，要不断加强科研攻关力量，实现科研成果服务国民经济和社会发展。为此，四川省政府大力协调高校、企业、科研院所之间的联系，紧紧围绕全面开放新格局，积极倡导并鼓励三方建立紧密联系，形成需求对接、优势互补、利益共享的科技创新成功转化平台，最大限度实现各项科研成果向产业的转化。其间，不乏国际合作高校、国际合作企业、国际合作科研机构的积极参与，为高水平对外开放开拓另一条较为理想的通道。

2. 将现有的科研资源共享平台进行深度整合

在积极打造科技创新中心平台的道路中，四川省政府联合相关主管部门，针对现有科研资源共享平台进行深度整合。其中，针对资源分散、层次单一、研究范围狭窄的科研资源共享平台进行整合，以求现有科研资源能够得到高度聚拢，一切科研资源利用效率达到最大化。在此期间，要在战略思想层面将资源的优化配置作为重要原则，而在战术选择层面要将突显"1+1 > 2"作为基本原则，力求科研资源共享平台整合后的资源丰富性和作用性得到充分体现，由此确保科研资源共享平台真正吸纳更多高质量科研资源，更让科研过程与成果的高度开放拥有较为理想的承载平台。

3. 依托整合结果积极开发科研资源共享平台

在政府及相关主管部门深度整合科研资源共享平台的过程中，会有短板暴露出来，有效补齐短板是全面完善科技创新中心平台的主要方向所在。高校、企业、科研院所强强联合，共同开发科技创新中心平台的过程和结果也就此形成。就四川省而言，当前其已经将科技数据库、科技仪器库、生物种质库等科技资源库进行了完善，并且正在不断吸纳国外高校、企业、科研院所所分享的优质科研资源和成果，确保科技创新的对外开放程度始终保持最大化，更好地服务四川省区域经济发展。

三、立足"四向拓展、全域开放"全面强化体系战略部署

全面对外开放不能局限于某一方向，或者某一领域，要做到面向各个方向和各个领域，由此方可确保更多优质市场和资源的进入促进区域经济的全面发展。四川省在紧紧抓住全面开放新格局所提供的新机遇，实现加速对外开放进程的过程中，已经将"四向拓展、全域开放"作为基本理念，同时将该理念上升到战略高度，打造出一套具体的战略体系。接下来笔者就以此为立足点，将该体系中的具体内容加以明确阐述。

（一）依托于自贸试验区建设打造高能级对外开放平台

自贸试验区是指在贸易和投资两方面，比世界贸易组织有关规定更加优化的贸易安排，在主权国家或地区的关境之外划出特定区域，准许国外商品豁免关税自由进出。其内涵体现出自贸试验区建设在促进国民经济和社会发展中的作用显著，具体包括四方面：第一，作为商品集散中心可以不断扩大出口贸易和转口贸易量，从而提升国家或地区的国际贸易地位，大幅增加外汇收入；第二，国际资源吸引程度明显提升，在技术层面和管理经验层面，国家或地区受益明显；第三，自贸试验区所在区域劳动就业机会更加充足，促进区域经济和社会发展；第四，设置在沿海、交通枢纽、边境地区的自贸试验区会对该区域繁荣发展起到至关重要的推动作用，并且可以通过交通运输产业发展带动区域经济发展。为此，四川省在大力抓紧全面开放新格局所带来的机遇，全面加快对外开放实现区域经济又好又快发展的道路中，将自贸试验区作为重点，建设川渝自贸试验区协同开放示范区，并且将相关制度和政策不断进行完善，确保将四川省建设成为我国中南地区经济枢纽和交通枢纽，以此来引领四川省经济又好又快发展，提升四川省在国内和国际的形象。

（二）加深贸易投资融合与内外贸一体化打造高水平开放型经济

贸易投资融合是促进产业链和供应链有效运转的重要条件，内外贸一体化是推进强大国内市场全面形成，并确保国内国际双循环全面发展的重要条件，上述两个条件是新时代国民经济和社会发展必须具备的两个重要支撑条件。针对于此，四川省在紧紧把握全面开放新格局所提供的新机遇过程中，更加强调不断加深贸易投资融合和内外贸一体化进程，让省内产能走向全国和世界，同时更注重吸纳国际市场和国际资源，确保全球产业链和供应链实现高度健全和高度优化，如全面建设出口商品集散中心等。这让四川省成为西南地区乃至全国的贸易强省，推动四川省文化、数字、中医药等领域的贸易更好地服务区域经济发展。

（三）推出新的开放制度打造高度开放的国际营商环境

开放型的经济环境更有利于区域经济快速增长，其根本原因就是更多的带动性因素会充分进入区域发展空间之内，产生无形的作用力推动区域经济实现产业化发展。为此，四川省在全面开放新格局中，将打造国际一流营商环境作为牢牢把握新机遇的一项重要措施，不断提出新的开放制度，以求国内外更多高质量资源进入四川省，更好地服务区域经济实现产业化发展。这也意味着四川省区域经济对外开放具备制度性特征，能够满足新时代区域经济发展的切实需要。

四川省在全力打造发展新格局道路中，应高度明确其侧重点所包含的范围，其中营商环境的构建必须以市场化、法治化、国际化为原则，强调政府职能的积极转变与优化、各部门和各领域的协同联动、体制机制的不断创新、保障条件的高度有利，这些是需要高度关注的焦点，同时也确保更多高质量国际资源能够成为四川省区域经济发展的加速剂。

（四）借助双边和多边机制实现对外开放布局的进一步优化

四川省在抓住全面开放新格局机遇加速对外开放的道路中，强调依托当前现有的国家顶层战略，借助区位优势和资源优势加强对未开放布局的全面规划与实施，致力将四川省打造为国内大循环和国内国际双循环门户枢纽城市，让四川省真正成为国内经济又好又快发展的腹地。在此期间，不断通过资源共享平台和科技创新平台的建设增加对外双边和多边合作的机会，让国内更多高质量资源能够进入国际市场，同时又让国际高品质资源进入国内市场。这样能真正实现众多优质资源和研究成果转换为区域产业发展的动力，让内陆与沿海、沿江、沿边地区保持高度的协同开放，实现不断加快区域经济发展进程的最终目标。

综上所述，不难发现四川省在全面开放新格局下，正在全力抢抓一切新机遇，在寻求全面对外开放的道路中正在不断进行积极探索。其中，在战略层面不仅强调对西部陆海新通道的依托和科技创新领域的对外开放，更将"四向拓展"作为重要抓手之一，从而确保四川省区域经济发展更加科学地做"加减法"，在保持区域经济发展可持续性的同时，达到又好又快发展目标，而这也正是实现区域经济"双循环"模式创新型发展的重要基础所在。

第三节　区域经济"双循环"模式实现四川创新型发展

从区域经济发展的目标角度出发，四川省在区域经济协调发展大背景下，依托广阔的国内市场和国际市场，全面加强市场和资源的高效运用和深度运用，确保国内合作和国际合作水平的不断提高是四川省区域经济发展的新目标和新追求，同时也是区域经济"双循环"模式运行的内在，更是区域经济协调发展背景下四川省发展的所面临的新机遇。对此，笔者先通过图 2-3 将四川省实现区域经济"双循环"模式创新型发展情况清晰呈现，并以此为立足点，对实现区域经济"双循环"模式创新型发展进行具体说明。

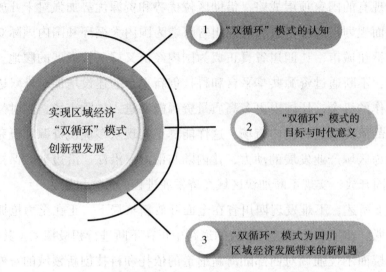

图 2-3　实现区域经济"双循环"模式创新型发展

如图 2-3 所示，四川省在全面探索经济与社会高质量发展道路中，已经将区域经济"双循环"模式的高效运行作为重要推手，并且取得一些成果。在国民经济与社会发展新发展理念与新发展格局之下，依然需要将该经济发展模式不断进行深入探索，图中所呈现出的三个分支就是必经的三个阶段。本节笔者就立足实现该模式创新发展所必须经历的三个阶段，将四川省区域经济创新发展所必须关注的焦点内容加以阐述。

一、"双循环"模式的认知

"双循环"模式作为当前经济发展新格局下，区域经济发展理想的模式，不仅确保国内市场和资源最大限度挖掘，更能将国际市场和资源最大限度引入，由此推动区域经济形成又好又快发展新格局。对此，四川省在全面加快区域经济发展道路中，必须将打造"双循环"模式放在重要位置，其间必须深刻认知以下三方面。

（一）应对经济发展的新形势

在新发展格局之下，四川省区域经济"双循环"模式的构建是时代发展必然趋势所在，所以要做到顺势而为，要主动寻求该区域经济发展模式构建之路，由此方可更好地应对市场经济发展新形势所提出的新要求。相反，被动地迎合市场经济发展所提出的新要求，会导致区域经济滞后发展的情况出现。

纵观当前我国所处的时代大背景，"百年未有之大变局"是形象的概括，经济发展的最终目标并不单一指向于"高速"，"高质量"是又一重要目标。换言之，"又好又快"已经成为我国区域经济发展恒久不变的追求。对此，"双循环"经济发展模式在这一时代大背景下形成，其不仅体现在区域经济发展的现实需求上，更体现在不断变化的市场经济发展大环境上，能够为四川省区域经济发展中长期目标的全面实现提供有力指导和保证。

（二）突出四川省内经济的"内循环"

从中国特色社会主义经济发展理论角度分析，在探索新时代背景下的中国经济又好又快发展道路中，依然要将扩大内需作为最根本的战略基点，要全力加快内需体系的构建和完善，让扩大内需与供给侧结构性改革在战略层面形成有机结合，进而形成以创新作为重要驱动力、以高质量供给引领经济发展、以创新需求推动经济保持又好又快发展的新局面。

在此过程之中，扩大内需的战略地位毋庸置疑，这也正是经济发展道路中"内循环"的真实写照。随着改革开放的进程不断加快，深度开放已经成为当前社会经济发展的主题，全国各省、自治区、直辖市都在深度开放的道路上"大做文章"，在实践中谋求产业间的相互带动和资源高度共享。对此，四川省区域经济"双循环"模式的全面构建必须将"国内大循环"作为根本主体，而这是四川省区域经济发展道路中实现成功变革的一项重要举措。

（三）充分把握国际大市场的作用

在四川省区域经济发展道路中，"双循环"模式的构建与应用必须强调大力拓展内需，但这并不意味忽视对外开放的决定性作用，因为"闭门造车"必然会导致区域经济发展的滞后性越来越明显。对此，在四川省区域经济发展道路中，"双循环"模式的构建必须强调国内大循环与国际循环之间的相互作用，形成共同促进的发展新格局。在此期间，既要做到不断扩大内需，还要积极倡导国外资产源源不断流入进来，让国际资产成为促进国内大循环的重要条件。

早在2020年第三届中国国际进口博览会中，就明确指出"内循环"并不是在封闭的环境下进行的，而是要真正发挥好内需经济发展的潜力，让国际市场的资本能够最大限度流入进来，实现国内外之间的有效联通，让国内资源和国际资源、国内市场和国际市场得到最大限度的利用。四川省以此为基础打造出的区域经济"双循环"模式既可以实现经济发展的高度可持续，又可以确保发展的过程和结果实现又好又快发展的目标。

二、"双循环"模式的目标与时代意义

开启"双循环"模式的全面建设，标志着中国特色社会主义经济已经正式迈进新的时代，经济发展水平也迈上了新的高度，这对国民经济和社会发展有着划时代的意义。为此，在探索四川省区域经济"双循环"模式的构建与发展道路中，先要将该经济发展模式的目标进行明确，并了解其时代意义所在，由此方可确保四川省经济发展能够牢牢把握新的机遇。

（一）四川区域经济"双循环"模式的目标

四川省在国民经济和社会发展新格局下，将开创"双循环"模式作为重中之重。其间，既要将发展的眼光落在国内市场和省内市场，同时要注重对国际市场的开拓，确保两个重要目标的实现，具体如下。

1. 外资的高效利用

当前四川省区域经济发展所取得的伟大成果，以及未来发展的战略部署，已经说明四川省区域经济发展迎来了前所未有的新机遇。其中，一系列国家重点产业建设项目即将落户四川省，积极引进国外优秀资源，确保优质外资能够进入四川省，确保四川全省范围内外资合作广度与深度的不断增加。在此期间，要将"引进来"和"走出去"作为重要思想引导，力求国外投融资企业在四川省范围内发挥带动"二次创业"的重要作用，为四川省区域经济高质量发展提供强大的推动力。

2. 消费的提质升级

就当前而言，四川省已经建立了"5+1"现代工业体系，将省内的农业资源和消费市场等方面的优势进行了深层次挖掘，向全国推广川菜、川酒、川粮油、川茶，努力打造全国知名的四川品牌，让川企在全国范围内享有盛名。另外，四川省还在产业发展方面不断加大投入力度，积极联手行业协会和科研单位，在全省范围内建立创新型研发中心、产品生产与加工基地，并且引进高尖端生产与研发技术，力保现代农业、装备制造业、冷链物流业、高度服务业等产业项目成为支撑四川区域经济又好又快发展的中坚力量。除此之外，四川省对高端服务业进行了深入细化，并在全国范围内有针对性地进行引入，力求四川省不仅形成产业集群化发展新形势，更成为我国西部金融中心区域。

（二）四川区域经济"双循环"模式的时代意义

早在 2020 年，党中央就已经针对国内市场和国际市场经济发展的基本形势，提出要加快构建以国内大循环为主体、国内国际双循环相互促进的新发展格局，确保我国城市发展模式始终与时代经济发展大环境高度适应。这也正是我国将"双循环"模式建设作为"十四五"规划和2035年远景目标的主要原因所在。其间，内外循环更加强调内循环的主体作用，同时注重外循环的促进作用，让内需程度达到最大化，并实现国际优质资源进入国内，繁荣我国市场经济，推动我国经济始终保持高质量发展状态。在此模式运作之下，会呈现出城市间分工水平的进一步提高、空间供给功能的进一步强化、中小型城市逐步成为产业发展的专业化中心城市，这正是城市发展所追求的最终目标。

另外，从我国社会经济的发展规律角度出发，每座城市的发展过程都要依托已经存在的自然社会条件，以及时代发展的真实背景，自然社会条件和时代背景发生改变就意味着城市发展必须做出相应的调整，以此确保城市发展始终顺应时代要求，各学科由此也更有活力地进行理论与实践层面的研究，不断提出具有创新性的研究成果和实践举措。面对党中央所提出的"双循环"经济发展模式，四川省在区域经济发展道路建设过程中，全面贯彻和落实该经济发展模式可以确保省内区域经济发展始终与时代发展背景高度统一，推动区域经济发展不仅能提高速度，更能提高质量，让又好又快发展成为区域经济发展的一种常态。

三、"双循环"模式为四川区域经济发展带来的新机遇

在我国经济发展道路中，"双循环"模式是基于特殊的国际和国内大环境逐步形成的，战略价值较大，能够有效应对因不可抗力而造成的复杂经济形势，以及前所未有的挑战，而这也正是该模式为四川区域经济发展带来的新机遇，让四川区域经济发展形成全新的格局。

（一）内陆城市迎来全新发展

从"双循环"模式的内涵角度出发，其强调不断扩大国内市场，更好地应对不可抗力作用下国际市场所带来的消极影响，在确保国内经济发展稳定性的基础上，始终保持又好又快发展势头。四川省位于我国西南部，地处长江上游，物产丰富，有"天府之国"的美誉，地理位置极其优越，所以在对外贸易上的依存程度较小，这也充分说明四川省经济发展的韧性较强。四川省是我国人口大省之一，根据 2021 年第七次全国人口普查结果显示，四川省常住人口约 8 367 万人，全省市场体量较大，所以区域经济抗风险能力较强，全省各市更是即将迎来前所未有的特殊发展机遇。[1]

（二）国内国际门户枢纽功能可得到全面展现和提升

从开放性角度分析，我国经济发展具有高度的开放性，无论是在国内区域经济发展方面，还是在对外经济发展方面，都深深体现出了这一发展特征。所以，在新时代背景下，我国经济发展呈现具有高度开放性的"双循环"模式，而非封闭的"单循环"模式。在这里，就需要各省、自治区、直辖市必须利用好国内市场和国际市场，以及国内资源和国际资源。

四川省是我国西南地区的门户，是西南地区陆海新通道的起点和长江经济带的联结点所在，随着《区域全面经济伙伴关系协定》的正式签署，四川省已经进入我国"双循环"经济模式之中。有效利用国内市场和国际市场，以及国内资源和国际资源，在国内与国际市场上展现门户枢纽功能成为关键中的关键，而这也正是"双循环"模式为四川区域经济发展带来的又一新机遇。

---

[1]　https://www.sc.gov.cn/10462/c105630/2021/5/26/437808cb2e7b4f0aa15fa90957b6ff31.shtml

具体而言，就是要将目光放在国际高端资源的聚拢能力之上，放在国际高端资源全国范围内，成为我国这一领域的流通枢纽，还要做到成为西向和南向的开放门户。在这里，迎来的新机遇主要体现在对外交往更加频繁、中转服务的发展空间更大、信息共享的功能得到最大限度提升，在无形中让极具现代化的流通体系全面形成，并在全国范围内打造出物流高质量发展的先行区和示范区。

（三）重大区域发展战略可得到全面落实

在本节中，笔者已经明确"成渝地区双城经济圈"建设作为我国新时代经济格局建设的重要战略部署之一，而这也标志着四川省经济发展成为我国新时代经济格局建设的重要组成部分，所以有效将此战略加以全面落实自然成为"双循环"模式为四川区域经济发展带来的一个新机遇。在此期间，笔者认为必须做好两方面工作。

1."一盘棋"发展思想和"一体化"发展理念的深入贯彻

所谓的"一盘棋"思想和"一体化"理念，就是在内部存在相互联系的有机整体中，各个"棋子"之间都要保持一定制约关系的同时，还要确保棋局本身在各个阶段都能形成相互联系，由此在每走一步之前都要仔细斟酌，并做出前瞻性判断，通过走好每一步来顺利达到预期目标。四川省区域经济发展在"双循环"模式下，强调川渝合作机制的全面构建和深度优化，同时还要将四川省区域经济高质量发展作为全国经济又好又快增长极和新的动力源，确保四川省在全国范围内成为重要的经济中心、科创中心、高品质生活宜居地。

2."一干多支"发展局面的最终形成

进入新时代后的四川经济已经拥有明确的发展目标，就是全力建设成渝地区双城经济圈，以此为中心向全省范围内形成辐射，带动四川区域经济的全面发展，进而确保四川省能够融入"双循环"经济发展新格局之中。在此期间，主干引领带动作用要进一步呈现，并且要进一步加快多支竞相发展和支干协同联动的局面形成，由此确保四川省区域经济能够形成协调发展的新局面，发展水平始终呈现可持续提升的状态。这也是四川省区域经济在"双循环"模式作用下所迎来的发展新机遇。

综合本章所阐述的观点，不难发现在区域经济协调发展大背景下，四川经济发展会有一系列新机遇出现。其中，以成渝地区双城经济圈为依托实现区域经济高质量发展、进一步扩大对外开放广度和深度、区域经济"双循环"模式的形成这些新机遇的到来会推动四川省经济发展呈现出新局面，即南向开放的全面深化。笔者在下一章将对南向开放的可行性做出深入分析。

第三章　新发展格局下四川深化南向开放的可行性

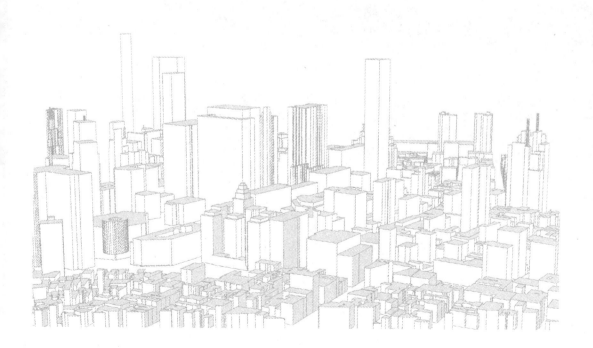

早在 2017 年，四川省已经与广西壮族自治区、贵州省、甘肃省关于"南向通道"建设方面建立了合作关系，这也标志着"南向开放合作"的正式开启。而在之后的 2018 年，四川省立足全面深化南向通道的战略实施，提出了具有建设性和全面性的实施意见，并且出台合作道路中的未来三年规划。具体而言，四川省高度明确要将本省打造成为中国经济发展的战略腹地，在连接起中国东南西北各经济带的同时，实现架通南亚、东南亚、中亚经济走廊的战略目标，努力在新发展格局中充分发挥出经济集聚、物资集散作用，全力推动四川省区域经济又好又快发展。

此后，国家关于西部陆海新通道的建设与发展做出了明确战略部署，高度强调要建设三条主要通道，支持深化南向开放合作的深度发展，并且让西南地区立体全面开放新格局得到全面深化。其间，四川、重庆、贵州的合作基础性较强，并出台具体的战略举措。而这也为重庆、成都、西安的合作提供了更有借鉴意义的方案。随着时代发展步伐的不断加快，其意义也得到充分体现，数十份专项协议更让南向开放省份体会到全域开放、资源共享、优势互补、协同发展的真正意义和价值所在，实现三地基础设施建设步伐的同步进行，深入挖掘不同区域的资源优势，在双向和多项协同发展中实现全面发展。

在前文中，笔者已经针对当今时代国民经济和社会发展的新发展理念以及新发展格局加以系统说明，指出当前乃至未来国民经济与社会发展的基本走向，即国民经济与社会的高质量发展。但是，真正将其转化为现实并非易事，四川省也不例外，必须要有明确的抓手作为重要保证，而深化南向开放则是明智的选择，其原因在于四川深化南向开放具有较大的可行性。笔者先通过图 3-1 将新发展格局下四川深化南向开放的可行性条件加以明确。

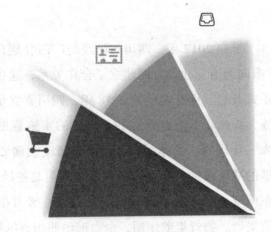

形成区域经济优势互补
已确立川渝深化合作方案
已开发极核主干功能
已形成干支联动
已突出县域底部基础

形成产业集群
高效分工
错位发展
有序竞争
相互融合

构建新产能与新动能
传统产业"老树发新芽"
新兴产业"新树长强枝"
"工业强基"走出新轨迹

图 3-1　新发展格局下四川深化南向开放的可行性条件

如图 3-1 所示，在新发展格局下，四川深化南向开放的支撑条件众多，所以其可行性较大。具体表现在于区域经济的优势互补特征较为明显，已经初步形成了产业集群，新产能和新动能已经出现，同时待开发空间较大。接下来笔者在本章内容中，就针对各项可行性条件加以说明。

第一节　四川深化南向开放形成区域经济优势互补的可行性

区域经济优势互补是确保区域经济协同发展的重要保证，也是区域经济实现高质量发展的决定性条件。四川省在南向开放道路中，针对区域经济协同发展方面已经采取了诸多措施，其效果显著。这也意味着在新发展格局之下，在深化南向开放道路中，形成区域经济优势互补具有极大的可行性。对此，笔者在本节中就将其可行性做出深入分析，具体包括以下四方面。

一、已确立川渝深化合作方案

当前四川省经济与社会发展所取得的成就可以明确四川省与重庆市经济协同发展的合作方案。合作方案中已经明确所辖区域经济与社会发展要摆在同等高度，彼此之间要充分发挥出各自的优势，形成相互促进、相互带动、优势互补的局面，进而实现区域经济协同发展，并在此基础上实现四川省和重庆市经济与社会高质量发展。具体而言，深化合作方案主要表现在以下两方面。

（一）"一盘棋"和"一体化"发展理念已经确立

南向开放通道的全面打通由来已久，四川省在全面深化落实的道路中已经取得显著的成果，直观的表现就是区域经济实现协同发展，省内各区域中的产业也保持协同发展的状态。这一局面的形成源自"一盘棋"和"一体化"发展理念的全面确立。

所谓的"一盘棋"思想，就是将区域经济协同发展视为整体，实施过程中的每一环节都至关重要，直接影响区域经济协同发展的未来走向，有"牵一发而动全身"的作用。所谓的"一体化"思想，是将四川省区域经济协同发展作为整体，每一项决策都要从整体角度出发，充分考虑南向开放的实际情况和未来发展的趋势，从而做出重要的战略部署。在此过程中，以成都市和重庆市为中心的经济合作方案成为"棋盘"的两个重要组成部分，四川省每个节点城市都成为重要的"棋子"，每一颗"棋子"的移动都会对"整盘棋"的走向产生至关重要的影响，每一项决策的制定和出台更是决定四川省区域经济与重庆市区域经济的未来发展走向。所以"一盘棋"和"一体化"发展理念会成就区域经济优势互补。

（二）多层次和常态化合作机制已经全面形成

四川省在深化南向开放的道路中，已经高度明确成渝地区双城经济圈的建设，强调成都市与重庆市作为经济圈的中心城市，将产业动能向全省范围内扩散，达到带动区域经济整体发展的目的。与此同时，四川省还注重交通枢纽的全面建设，让两地的时空距离最大限度拉近，在激发中心城市产业发展能量的同时，做到向周围地区的大面积辐射，最终带动省市范围内各区域经济的全面发展。

在此过程中，四川省和重庆市之间已经达成多层次和常态化的合作机制，确保在产业合作发展道路中能够保持高度联动，既要用最方便和最快捷的方式激发区域内市场需求，又要做到区域合作带动沿线区域产业发展。就目前而言，成渝地区双城经济圈的建设已经打造出数个合作平台，其项目已经涉及高铁工程和诸多川渝通办事项。这些项目可以让四川省区域经济优势充分发挥出来，并展现出高度的优势互补性，推动四川省区域经济发展水平的整体性提升。

二、已开发极核主干功能

四川省在谋求经济与社会高质量发展的道路中，不仅强调发展过程保持高度的开放性，还要确保成都市具备集合的主干功能，确保集合本身所积蓄的能量可以辐射全省，为区域经济发展突出各自的优势提供至关重要的推动作用。笔者通过以下两方面加以具体说明。

（一）成都市成为四川深化南向开放的极核

四川省在南向开放道路中阔步向前，直观的体现就是核心城市高度明确，通过核心城市产业集群的全面建设，促进产业发展的能量向全省范围内扩散，助推全省经济的共同发展，为全省范围内实现共同富裕夯实基础。在此期间，核心城市成为四川省南向开放的极核所在，其作用和价值主要体现在优势产能的辐射性和经济的带动性两方面。

具体而言，一是成都市全面建成公园城市示范区、天府新区、东部新区等产业园，二是成都市综合能级和国际竞争力的明显增强。与此同时，成都市各产业园在 2021 年已经实现经济总量逼近 2 万亿元，人均生产总值突破 10 万元大关，与全国其他省份相比已经超出平均值。这充分彰显出成都市在四川省南向开放道路中的极核作用，同时也能客观说明成都市在四川省深化南向开放的道路中的极核作用会被无限放大，其优势产能的辐射能力和经济带动能力会进一步提升。

（二）带动区域经济协同发展成为主干功能

在四川省南向开放道路中，已经取得的成果主要体现在成渝地区双城经济圈的全面构建以及陆海新通道的全面建设上，这些举世瞩目的成就充分体现南向开放之路在区域经济协同发展中的带动作用。

面对时代发展步伐的不断加快，国民经济与社会发展的新发展理念和新发展格局已经提出，四川省深化南向开放之路也成为必然，加强全面立体交通枢纽建设，确保成都市能量极核作用最大限度发挥，带动区域经济协同发展成为一项关键性任务。其中，在具体项目投入方面，四川省已经明确成都、德阳、眉山、资阳地区的同城化发展，并且要大力推动轨道上的都市圈建设，让全省范围内的经济发展节点城市不断增加，从而最大限度带动四川省区域经济的协同发展。这是四川深化南向开放道路中极核主干功能最大化的集中展现，更是推动区域经济优势互补的重要动力因素所在。

三、已形成干支联动

干支联动不仅是加快区域经济协同发展的有利条件，也是区域经济实现高质量发展的必备条件，因为该条件可助力区域经济形成优势互补。就当前四川省经济与社会发展所取得的成果来看，干支联动已经成为常态化，可以为形成区域经济优势互补发挥强有力的推动作用。接下来笔者通过两方面予以说明。

（一）成渝地区双城经济圈已建立

成渝地区双城经济圈建设已经成为四川省南向开放的重要标志，无论是在区域产业结构优化与调整方面，还是在人居环境建设方面，所取得的成就有目共睹。

在产业结构优化调整过程中，成都市以重庆市优质资源和优质市场为中心，强调产业人才的协同培养，并且将一系列先进技术的研发以及先进生产工艺的引进视为重中之重，确保工业落后产能和过剩产能得以有效削减，同时加大第三产业投入力度，确保四川省产业结构与当今时代经济发展的总体形势高度一致，以此推动四川省经济发展始终保持整体向前的姿态。在此期间，宜宾三江新区、南充临江新区、绵阳科技城新区等经济区域建设已经初见规模，同时经济总量已经取得长足性突破，不仅带动区域经济发展，还能充分说明区域产业结构因成渝地区双城经济圈的建设更加趋于科学化与合理化，在四川省区域经济协同发展的道路中的主干作用已经得到充分展现。

（二）培育和壮大区域中心城市已成为一项重要任务

就当前而言，四川省南向开放之路已经进入发展新阶段，培育和壮大更多的区域中心城市已经成为一项重要的基本任务，这也正是四川省深化南向开放的重要方向所在。在此期间，四川省着手现有经济区连片发展，将7个经济中心区域连成片，各经济中心区域都能有更多的节点城市出现，并将城市带动区域经济发展的能量达到最大化，最终辐射至周边区域，形成区域经济发展水平的无差异化，区域产业能够充分体现出优势特征。

在这一过程中，成都平原、川南、川东北经济区域在保持经济快速增长的同时，让产业园区能够辐射到周边县、乡、镇当中，确保上述三个经济区域所辖县市能够成为区域经济发展的中心城市。除此之外，攀西经济区和川西北生态示范区的建设进一步彰显出"绿色"和"生态"两个主题，做到产业辐射范围进一步扩大，最终让辖区内的县市成为该区域经济发展的节点城市，将产业发展所急需的能量充分迸发出来，全面推动区域经济发展。

四、已突出县域底部基础

基础的坚固性决定上层建筑的稳定性。四川省经济高质量发展是"上层建筑"，而基础就是区域经济的协同发展。在区域经济协同发展过程中，区域中心城市不是基础中的基础，县域经济的协同发展才是最基础的环节。当前四川省经济与社会发展所取得的成果已经突出县域底部基础作用。具体而言，其主要表现在以下两方面。

（一）县域经济发展已得到高度重视

区域经济中心城市是指在某一区域范围内极具经济发展活力的城市。"城市"是最基本的单位，"县"作为最小的城市个体，区域经济中心城市的建设应深入"县"一级城市之中。在四川省南向开放道路的探索过程中，区域中心城市已经深入"地市级"城市，这在区域经济协同发展过程中所发挥的辐射和带动作用较为显著。

随着当今时代国民经济与社会发展新发展理念和新发展格局的全面形成，四川省要继续秉承这一区域经济发展思想，并将其不断加以深化，让区域中心城市能够覆盖"县"一级城市，确保区域经济中心城市能够得到进一步细化，让区域产业的优势得到充分展现，并且呈现出优势互补的发展局面，最终让四川省区域经济发展呈现出网格化格局，产业整体结构体现出科学性与合理性。

（二）"产业强县"已成为区域经济发展的基本目标

产业发展是带动区域经济实现全面发展的核心力量，四川省在南向开放道路中，已经取得的辉煌成果更是充分验证了这一观点，明确了深化南向开放将县域经济发展作为重中之重。在此过程中，将县级城市产业发展作为重点关注对象，高度明确县域产业结构的合理性与科学性，让省内、省外、国际优质资源和优质市场为县域产业发展所用，将指导方案加以高度明确，同时充分彰显县域产业的特色，进而使县域产业成为全省甚至全国范围内的优势产业。

这样不仅能够确保四川省各区域产业发展具有区域优势互补的特征，同时能够保证产业体系运行的过程始终保持有效竞争，进而形成良好的产业经济发展大环境。在此期间，制造强县、农业强县、服务业强县、信息化强县会纷纷出现，逐渐成为经济中心区域重要的节点城市，更加深刻地诠释出四川省区域经济发展道路具备优势互补功能，为四川省全省经济高质量发展发挥强有力的推动作用。

第二节　四川深化南向开放形成产业集群的可行性

产业集群的全面形成是区域产业化发展的重要标志，四川省在南向开放道路中，针对产业结构已经进行全面调整，其成果显著，因此在全面深化南向开放的道路中，产业化发展迈向产业集群全面形成新阶段可行性较大。笔者接下来就通过图3-2，将四川省产业集群形成的条件加以明确，并以此为基础阐明四川省深化南向开放形成产业集群的可行性。

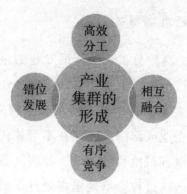

图 3-2 四川省产业集群形成的条件

如图 3-2 所示，在国民经济与社会发展新发展理念与新发展格局背景下，产业集群形成的基本条件必须包括产业内部实现高效分工、错位发展、有序竞争、相互融合四个基本条件，缺一不可，而产业集群的全面形成也充分说明区域经济进入高质量发展阶段。四川省在全面探索经济与社会高质量发展的道路中，也要同时具备上述四个基本条件，由此方可将经济高质量发展转化为现实。基于此，笔者在本节内容中，就立足四川省经济发展的现实成果，结合上述四个条件进行具体阐述，由此表明四川省深化南向开放形成产业集群的可行性，具体如下。

一、高效分工

从管理学角度出发，高效组织需要高层、中层和基层之间形成良性互动，上下贯通，彼此分工，形成强大的协同型组织。从经济学角度出发，区域经济的协同发展必须要有高效组织作为重要支撑，在实施高效分工的同时，要确保区域经济发展的各个环节以最高的效率完成相关工作内容。就当前四川省经济发展所取得的成果而言，各产业内部高效分工已经成为现实。以下笔者就从高效分工内涵的深入解读和其在产业集群建设中的作用分析两方面加以说明。

（一）高效分工的内涵解读

在经济学领域中，高效分工就是让最专业的企业从事其最擅长的领域，由此确保区域经济全面实现提质增效。就产业集群建设而言，集群内部会包括众多节点要素，每个节点要素又下辖多个相关企业或部门，每个节点要素和相关企业或部门之间存在不可替代的优势条件。所以让最专业的节点要素从事其最擅长的领域，并将任务下派至所隶属的企业或部门，这样的产业运转过程会呈现出高效性，同时会确保产业内部的优势产能得到最大限度挖掘，助力产业经济的高质量发展。

（二）高效分工在产业集群建设中的作用分析

四川省全面深化南向开放是一项系统的工程，其原因主要体现在两方面：一是要系统打造实现全面立体开放的途径，二是要引领区域内产业将国内外优质资源和优质市场充分挖掘，并且实现充分运用，最终将其转化为产业发展的新动能。

这两项工作的有效实施必须有两个最基本的条件作为保证，即充分调动企业自身优势和指导企业将自身优势充分发挥，由此产业规模会不断扩大，形成集群化发展。在此之中，产业链、供应链、价值链中的节点要素必须具备高效分工的能力，让下属企业能够从事其最专业的领域，由此保证产品质量和服务的全面提升，产业发展的可持续性也会随之不断提高，区域经济发展的协同性也不断增强。这是四川省深化南向开放所必须具备的一项基本要求，在产业集群形成过程中所发挥的推动作用显著。

二、错位发展

错位发展是全面提高区域经济发展优势，推动区域经济协同发展的重要理念，已经成为当今国民经济与社会发展新发展理念与新发展格局背景下，各省、自治区、直辖市谋求经济协同发展所秉承的重要发展理念。四川省在国民经济与社会发展新发展理念与新发展格局背景下，也将该理念作为实现区域经济高质量发展的重要理念。

（一）错位发展的内涵解读

错位发展理念，其实质就是在主体竞争之中，能够依靠自身所具备的独有优势建立一套发展模式，进而将自身的劣势有效规避，以求达到全面提升竞争力的目的，这一理念也普遍应用于经济领域。针对产业集群建设与发展而言，该理念是确保产业优势最大限度彰显，全面提升区域产业结构合理性的保障性条件。

所以在中国经济与社会发展新发展理念和新发展格局背景下，产业集群建设要确保具备显著的可持续发展特征，并最终实现又好又快发展目标就必须坚持错位发展理念。

（二）错位发展在产业集群建设中的作用分析

四川省在深化南向开放道路中，去产能、去库存、去杠杆作为一项基本任务，目的就是要通过更多的优质资源和优质市场推动产业结构调整，实现区域经济的高质量发展。在这里，立足现有的优势资源，结合国内外优质资源和优质市场将产业优势最大化发挥出来，这是推动产业实现规模化发展的一项理想选择。

在此期间，省内企业与国内外知名企业、科研机构、高校之间会保持紧密合作，在注重新产品研发的同时，还能确保产品的质量和服务达到最佳，以此来拓展国内外市场，打造出国内外知名品牌，由此提高产业核心竞争力。在此基础上，产业发展规模会伴随国内外市场的不断拓展而扩大，规模化发展会成为产业发展道路上真实的写照，产业集群也随之形成。这是四川省深化南向开放为产业集群建设所发挥的推动作用。

三、有序竞争

有序竞争是营造良好市场发展环境，保障市场经济健康发展的重要举措。面对国民经济与社会发展新发展理念和新发展格局，四川省在全面提高经济发展速度的过程中，将营造良好的市场竞争环境，确保市场经济健康发展作为一项重要任务，有序竞争也随之成为四川省谋求经济高质量发展所关注的重点。

（一）有序竞争的内涵解读

有序竞争实质就是通过提高产品质量和服务水平来增强自身的竞争能力，助其所在行业和所属产业的可持续发展，因此有序竞争与恶性竞争之间是相对立的关系。

针对产业集群建设而言，由于集群内部由众多企业组成，企业之间存在明显的竞争关系，只有通过合理的竞争手段建立良好的竞争环境才能确保产业集群始终保持可持续发展的状态，并最终成就产业集群全面推动区域经济的又好又快发展。一旦出现恶性竞争环境就会导致产业集群内部失调，这不利于区域经济总体发展。

（二）有序竞争在产业集群建设中的作用分析

四川省在全面深化南向开放的道路中，强调主抓产业集群建设，让更多的龙头产业、重点产业遍布四川省内，发挥区位优势带动区域经济的协同发展。在此过程中，各级政府在资金层面不断加大投入力度，通过陆海新通道的全面建设将国内外优质资源和优质市场引入省内，更好地推动产业集群的建设与发展。

在此过程中，"竞争"成为产业集群建设中必然存在的现象，在各级主管部门和产业监管部门的共同努力下，可以营造出一个较为理想的市场竞争环境。具体而言，企业之间的合作与交流会催生企业落后产能和过剩产能的削减，使企业在生产理念、生产设备、生产材料、产品营销方案方面得到全面优化，通过产品的质量和服务满足国内外市场所提出的具体要求，同时也形成一种有序竞争的产业集群发展大环境。这也能够助力四川省产业体系的有序运行，最终为四川省区域经济高质量协同发展提供强大的推动力。

四、相互融合

四川省在探索经济高质量发展的道路中，始终明确优势资源之间的高度融合，确保各产业发展始终能具备充足的优势资源，并且引导优势资源的高效利用，进而将优势产能充分释放，成为四川省经济发展的优势条件。这也是确保四川省产业集群全面建设和发展的有利条件所在。

（一）相互融合的内涵解读

从物理学角度分析，相互融合是指物质间的相互兼容并成为一体的状态，经济学领域中的表达与之相类似，就是企业在生产与营销过程中，每个环节都能与产业发展大环境相互适应，成为产业发展的重要组成部分，从而推动产业经济始终朝着高质量发展目标迈进。

针对产业集群建设而言，规模化发展是其显著特征。其汇集众多大中小型企业，在各自的生产经营活动中做到各环节都能与产业集群未来发展大方向保持一致，同时能够带动产业集群内部其他企业的发展，是全面加快区域产业化发展进程的关键动力。

（二）相互融合在产业集群建设中的作用分析

从现象角度出发，相互融合往往是更深层次的结合。例如，将两只鸡蛋放在同一碗中，这种现象并不是融合，而将其打碎并搅匀，通过外力将两只鸡蛋交融在一起，这种现象就是相互融合。

四川省在深化南向开放的道路中，其核心就是全面而又立体的开放，让国内外优质资源和优质市场充分进入省内。但是单纯引进来并不能让推动作用充分发挥，只有通过有效的引领，让产业内部的相关企业高效利用其资源和市场，才能够确保产业做大、做强，最终形成集群化态势。具体而言，在四川省深化南向开放的道路中，区域产业发展会与国内各大经济圈之间保持相互对接，同时也会与国际市场之间保持紧密联系，实现省内产业与国内外市场的高度"共赢"。这一过程推动了产业与市场和资源的相互融合，产业本身会在无形中实现规模化发展，产业集群也就此形成。

第三节　四川深化南向开放构建新产能与新动能的可行性

四川省作为我国重工业基地之一，工业基础较为完备，随着时代发展步伐的不断加快，四川省在南向开放道路中，正在不断探索第三产业发展新格局。所以在国民经济与社会发展新发展理念和新发展格局背景下，深化南向开放构建新产能与新动能具有较大的可行性。针对于此，笔者在本节内容中就针对其可行性做出系统分析，具体如下。

一、传统产业"老树发新芽"

传统产业一直作为四川省产业结构的重要组成部分，同时也是四川省经济与社会发展的支柱所在。随着时代发展步伐的不断加快，在新发展理念和新发展格局之下，四川省正在逐渐加快产业结构的调整步伐，不断激发优势产能，不断减少落后和剩余产能，并且在去杠杆和去库存两方面不断加大力度，确保传统产业实现"老树发新芽"，具体表现主要包括以下两方面。

（一）调整传统产业结构

传统产业之所以具有明显的"传统性"，就是在产业发展理念、产品生产技术、产品营销理念上过于保守。面对当前时代的发展，人们在日常生产生活中更加注重产品的个性化定制，既要突出产品的实用性和美观性功能，更要具备可回收和再利用的优势，所以传统产业显然不适应当今时代的发展，将这些具有传统性的产业进行结构性调整成为新发展理念和新发展格局下国民经济和社会发展的主基调。

对此，四川省在全面深化新发展理念和新发展格局的道路中，开启了南向开放之路，其目的就是要将传统产业结构进行有效调整。其间，强调通过立体交通枢纽的打造，与全国乃至南亚和东南亚各国之间形成密切的合作交流，在引进优势资源及国内和国际优质市场的同时，将传统产业布局进行全面优化，加大新技术、新生产理念、新营销和新管理道路的研发力度，让传统产业在"软件"和"硬件"方面迈向现代化，从而更加突出传统产业固有的资源优势，同时赋予其新的生产能力，让传统产业具有"老树发新芽"的基础条件。在全面深化南向开放的道路中，四川省会进一步深化该发展思想，继续强化立体交通枢纽建设，也会进一步拓展与国内和国际的合作，从而实现传统产业结构的深度调整，夯实传统产业"老树发新芽"的基础条件，让传统产业在当今乃至未来时代重新焕发出生机与活力。

（二）加大优势产能存量变革投入力度

四川省工业发展在我国占据重要的位置，传统工业在我国所占的比重较大，所以传统工业一直是四川省经济发展的支柱型产业。随着国民经济和社会发展新发展理念的提出，新发展格局已经在全国范围内全面形成，传统工业已经不能充分适应当今时代所提出的经济发展新要求。有效将其落后产能和剩余产能削减，一改负债经营局面，就成为四川省产业构建新产能与新动能的关键所在。

四川省全面开启打通南向开放之路。其间，既要建立引进国内与国外优质资源和优质市场的新道路，又要加强与国内外科研院所和高校科技创新成果的研发，还要充分挖掘传统企业中资源优势的价值并为其不断注入现代化资源和条件，由此来提高优势产能存量。进入中国特色社会主义现代化强国建设阶段，新发展理念和新发展格局下的四川省南向开放深化之路会秉承上述思想，并且不断加大优势产能存量变革的投入力度，由此让传统产业"老树发新芽"成为现实。

二、新兴产业"新树长强枝"

新兴产业的全面发展已经成为新发展理念和新发展格局下四川省经济与社会发展的重点关注对象，如现代工业、旅游产业、科技创新产业等。伴随时代的发展，四川省不断加大新兴产业的投入力度，确保全省产业结构能够满足时代发展所提出的新要求，以更好地迎接新发展理念和新发展格局对四川省经济发展所带来的新挑战，具体表现如下。

（一）全面建成拥有自主知识产权的新兴产业

自主知识产权是国家创新水平的基本象征，享有自主知识产权的领域和项目越多，意味着国家创新水平越高。四川省作为我国西南地区经济、文化、教育、科技等领域的中心，在全面提高产业化水平的道路中，已经将自主知识产权的全面增强放在重要位置，并且切实践行国家所提出由"中国制造"向"中国创造"转变的发展方针。

其间，南向开放通道的全面打通无疑为之提供了强大的推动力，并且让众多科技创新成果呈现在世人面前，新兴产业也相继出现，如 3D 生物打印、新型轨道交通材料制造等产业。面对时代发展进程不断加快的局面，四川省南向开放要与之保持同步，在不断加以深化的同时，还要进一步注重自主知识产权的研发与保护，力求更多拥有自主知识产权的新兴产业出现，以更好地推动四川省区域经济的可持续发展和高质量发展。

（二）向未来产业全面进发

产业的发展不仅要适应未来，更要全面迈向未来，由此方可确保产业发展之路更加具有可持续性，国民经济与社会发展始终处于又好又快发展的状态。四川省在面对国民经济与社会发展新发展理念和新发展格局的过程中，将产业创新发展放在重要位置。这一发展理念的产生的原因较为简单，就是要向未来产业进发，让全省经济和社会发展能够始终保持可持续、高质量的发展状态。

在此期间，四川省立足时代发展的主旋律，将数字产业发展作为一项重要任务，让产业化发展道路中的产业布局得到积极调整，让"重工业、轻服务"的产业发展格局得到改变。由此不仅增加区域产业发展的活力，更确保区域经济发展的均衡性更为突出。随着当今时代发展脚步的不断加快，新发展理念和新发展格局在区域经济发展道路中不断深化，四川省南向开放的通道也随之深化。在国内和国际形成积极合作交流局面的同时，还要注重共同探索产业未来发展之道，共同研发新技术、新工艺、新材料，将产业发展的新视角不断进行拓展，由此会形成四川省产业发展向未来产业全面进发的新局面。

（三）突出企业在产业创新中的主体地位

产业发展不能一成不变，需要结合时代发展的大形势和大方向不断做出优化与调整，以创新发展的姿态迎接新挑战和成就新未来。就当前和未来时代发展而言，"绿色""节能""环保"已经成为时代主题，人们日常生产生活也会在这一时代主题下进行，产业化发展道路中全面释放新产能和增强新动力必须紧紧围绕时代主题来进行。

对此，四川省在打通南向开放通道的过程中，在积极引进国内外优质资源和优质市场的同时，更加注重全面了解市场需求新动态，并从中找出与产业发展高度相关，满足"绿色""节能""环保"新要求的产业，不断加大产业发展的扶持力度，积极学习并引进产品研发新理念、新工艺、新材料、新技术，生产出更加适合当今乃至未来时代发展的新产品，进而让更多的企业具备高度创新的能力，最终形成产业创新发展趋势。为此，面对新发展理念和新发展格局全面形成的时代大背景，四川省要更深层次践行上述产业发展道路，突出企业在产业创新中的主体地位，切实做到新兴产业"新树长强枝"。

三、"工业强基"走出新轨迹

从当前四川省区域经济发展所取得的成果来看，全面振兴老工业基地已经有了新的突破。无论是在发展理念方面，还是在发展模式与路径方面，都已经体现出了创新性，能够与当今时代国民经济与社会发展所提出的具体要求相统一，从而更加突出基础性的工业改革，并且在优势产能的深度挖掘方面不断进行深入探索。具体而言，其主要表现在三方面。

（一）军民融合发展开创产业发展新局面

四川省作为我国重要的老工业基地之一，工业发展一直是盘活四川省经济发展的重要突破口。不断革新理念成为新发展理念和新发展格局下四川省区域产业协同发展，促进全省经济高质量发展所关注的焦点所在。对此，四川省在南向开放的道路中，积极与国内工业强省和国际工业大国之间开展密切的交流合作，学习和借鉴相关成功经验，结合本省工业发展的实际情况，确立军民融合推动本省工业新发展的方针，健全融合发展的路径和管理办法，并且为之提供全方位的扶持条件，由此让四川省工业附加值得到明显提升，创新产能也在一定程度上得到释放。为此，在新发展理念和新发展格局全面形成的背景之下，四川省进一步出台鼓励军民融合发展的相关政策可以确保四川省产业发展新产能和新动能的出现。

（二）"三去一降一补"增强产业发展新动力

去产能、去库存、去杠杆、降成本、补短板作为四川省未来产业化发展的主要思路，削减落后产能和剩余产能、减少生产制造业剩余大量库存、避免产业负债经营、降低产业生产制造成本、补齐产业发展道路中的短板是未来四川省产业化发展道路主体思想的核心，也是全面提升产业化发展程度的关键所在。

在此期间，需要主管部门以"引进来"和"走出去"的发展模式为中心，强调产业发展理念的创新、技术的创新、生产与经营模式的创新、品牌化发展思路的创新，由此方可确保产业化发展道路具备新的动力。四川省深化南向开放的道路以加强国内外合作交流为重点，倡导优质资源和市场的全面引入，并且让高质量的产品走向全国和世界，同时在国内外共同开展人才培养工作，从而为不断增强产业发展动力创造一系列的有利条件。

（三）全面弥补工业短板

高度发达的工业是现代化强国的重要标志，同时也是创新型国家必须具备的一项基本"能力"。我国要全面建设社会主义现代化强国，全面提高工业创新发展能力已经成为推动国民经济与社会发展的重要手段。在这一历史新任务的驱动之下，四川省在打通南向开放通道的过程中，强调工业发展要释放出更多的新产能，以此来增加工业发展的新动力。

其间，四川省不仅强调引进国内外先进技术和各类科研成果，同时强调对优质市场的深入探索，带动工业发展，既能去除落后和剩余产能，提高产业附加值，又能使产业发展过程具有高度的创新性，由此确保工业发展的短板能够得到有效弥补,发展的后劲更加充足。面对时代发展进程的不断加快,四川省在深化南向开放的道路中依然会高度秉承这一发展思路,进而确保工业发展走出一条新的轨迹,成就产业发展新产能和新动能的不断迸发。

第四章　新发展格局下四川深化南向开放的资源优势

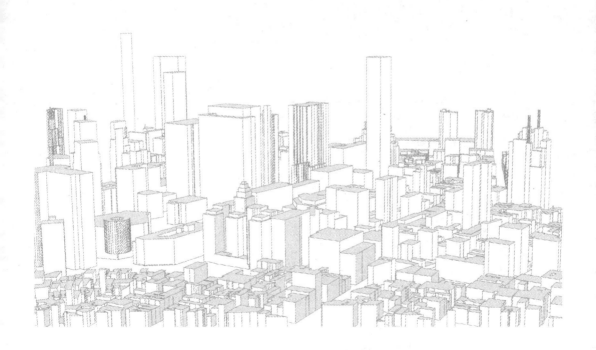

南向开放是新发展格局下全面加快国民经济与社会高质量发展的重要举措，四川省作为我国西南地区经济、文化、教育、科技等领域的中心省份，也是诸多南向开放省份之一。随着时代发展步伐的不断加快，深化南向开放成为当前四川省推动经济高质量发展的重要工作，其原因在于四川省具备的资源优势。接下来笔者就通过图4-1，先将四川省资源优势加以直观呈现，并在本章各节内容中对具体优势做出明确阐述。

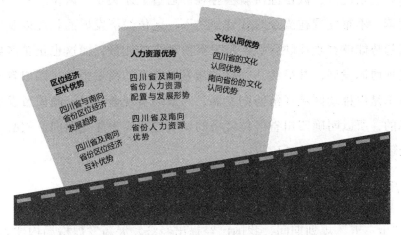

图 4-1　新发展格局下四川深化南向开放所具备的资源优势

如图4-1所示，在新发展格局之下，四川省深化南向开放工作势必会取得成功，其根本原因就是资源优势能够从中发挥出强有力的推动作用和保障作用。其他南向省份也具备一定的资源优势，四川省所具备的资源优势具有较强的特征性，以下是具体优势分析。

第一节　四川及南向省份的区位经济互补优势

随着国民经济与社会发展新发展理念和新发展格局的全面形成，越来越多的省份步入打通南向通道的队伍之中，每个省份都具备显著的区位经济互补优势，四川省作为其中重要的一员也具备显著的区位经济互补优势。在本节内容中，笔者就以此为立足点，将四川省及南向省份（以陕西、云南和贵州三省为例）的区位经济互补优势加以系统分析，为确保四川省深化南向开放实现经济高质量发展打下坚实基础。

一、四川的区位经济发展趋势和区位经济互补优势

区位经济就是指在最适合某个活动的地点执行价值创造活动，所产生的经济利益。不论此地点在世界何处，只要在运输成本和贸易障碍能够容许的情况下，区位经济就会存在。通过上述关于"区位经济"的概念解读，不难发现在当今时代背景之下，区位经济发展的状况以及未来发展趋势能够客观反映区域经济发展所蕴含的能量，而这也正是区域经济实现协同发展，并最终达到高质量发展状态的衡量指标。四川省南向开放正是以推动区域经济协同发展，并最终实现全省经济高质量发展为目标的，所以明确四川省区位经济的发展趋势成为深化南向开放必不可少的环节。具体分析如下。

（一）五区协同发展的程度进一步加深

"十三五"规划期间，我国已经提出经济发展新发展格局构建思想，并在全国范围内加以深化落实，南向开放正是打造我国新时代经济发展新发展格局的一项重要战略举措。经历为期5年的发展，在"十四五"规划开局之年，四川省经济总量实现了质的跃升，形成五区协同发展的新趋势。随着时间的推移，在"十四五"期间，四川省依然会以深化南向开放战略部署为重要依托，通过进一步加深五区协同发展，继续将深化南向发展落到实处，形成区位经济发展新局面。对此，笔者就通过表4-1，结合2016年和2021年四川省五区协同发展成果，明确五区深度协同发展新趋势。

表4-1　2016年和2021年四川省五区协同发展成果统计表

单位：亿元

四川省经济区域	2016年经济总量	2021年经济总量
成都平原经济区	20774.2	32927.8
川南经济区	5667.2	8761.0
川东北经济区	5381.8	8230.2
攀西经济区	2418.6	3035.1
川西北生态示范区	511.1	896.7

数据来源：四川在线网站。

从表4-1中，可以看出2016—2021年，四川省五个经济区域均已实现跨越式发展，在5年内经济总量都有明显提高，为全省经济高质量发展打下了坚实基础。五区协同发展势如破竹，正在一步一个脚印地迈向区域经济高质量发展之路。特别是成都平原经济区，2021年经济总量已经突破3万亿元大关，与2016年相比增长超过60个百分点，增长速度之快不言而喻。另外，在川西北生态示范区，虽然2021年区域经济总量仅为896.7亿元，但是与2016年相比增长385.6亿元，涨幅达到75.48%，更为惊人。这也充分说明四川省经济发展正高标准和严要求履行党和人民所赋予的新使命。另外，全省其他三个经济区经济总量增长也十分明显，充分说明四川省区位经济发展始终以"五区协同"作为重要抓手，并且在深化南向改革道路中继续坚持到底，实现协同发展程度的进一步加深。

（二）城镇体系的优化与完善进一步加快

区域中心城市作为经济发展活力最为强劲的地区，经济总量的增加是区域经济发展的重要象征之一。早在"十四五"规划开局之年，四川省区域中心城区经济总量均超过2000亿元大关，已经占到全省GDP总量的 34.8%，与"十三五"规划开局之年相比提高了 1%。特别是宜宾市已经进入经济总量 3000 亿元城市之列，这也充分说明过去 5 年四川省经济发展水平已经高于全国经济发展的平均水平。宜宾和绵阳的增长速度更是分别达到 8% 和 7.8%，增长速度位于全省的前两位。

除此之外，德阳和宜宾两座城市的生产制造业发展迅猛，GDP 总量分别占到各市经济总量的 41.2% 和 33.1%，在全省中心区域城市中占据前两位。南充和宜宾的第三产业增加值的增速更是高达 8.9%。这也充分证明四川省区域经济发展充分利用了区位资源优势，不断实现对优质市场的开拓，进一步加深其发展的深度是全面推进城镇体系优化与完善的重要路径，更是四川省区位经济发展的未来趋势所在。

虽然区域中心城市经济发展作为国民经济和社会发展的关键所在，但县域底部所起到的支撑作用巨大，其是区域中心城市经济发展的重要基础所在。从 2021 年四川省县域底部经济发展所取得的丰硕成果来看，经济总量超过 1000 亿元的县市已经多达 125 个，"十三五"规划正式实施第一年增加 13 个，更有两个县已经进入全国百强县序列之中，同时龙泉驿等 10 个区已经进入全国百强区序列之中，在全国范围内列第 4 位。面对深化南向改革步伐的进一步加快，进一步增强县域底部支撑作用，确保中心区域经济发展反哺乡镇经济发展取得更为优异的成绩。

笔者在正式开始本书创作工作之前，深入了解了四川省产业经济发展的实际情况，站在深化南向发展的角度，针对优势资源和优势市场进行调查取证，从中发现四川省矿产资源丰富，水力资源同样极为丰富，这为新材料的研发和推广提供了强大的资源保障作用，同时也为市场推广提供了便捷的交通运输条件。

此外，四川德阳、攀枝花等地作为我国重要的重工业基地，无论是在物质资源方面还是在人力资源方面都较为丰富。除此之外，成都、乐山、攀枝花等城市作为我国重要的旅游城市，旅游经济是区域经济发展的重要支柱。从以上城市支柱产业的现实情况来看，不难发现四川省各城市都有明显的产业条件，重工业能够加快四川省工业产业化发展步伐，为更多的人提供就业条件，带动四川省经济发展。丰富的水利资源能够确保各区域之间形成相互联通，为区域经济增长提供重要的便利条件，旅游产业能够推动四川省增加经济开放的广度与深度。这也充分说明区位经济优势互补的特征显著，为四川省深化南向开放提供了强有力的保证。

二、南向省份的区位经济发展趋势和区位经济互补优势

南向开放作为我国全面加快区域经济协同发展，开创国民经济与社会高质量发展新局面所提出的一项经济发展战略，其时代意义和战略意义不言自明。我国诸多省份在谋求区域经济协同发展，最终实现省内经济高质量发展的道路中，纷纷加入南向开放的行列，并且普遍将区位经济发展优势进行深入挖掘。基于此，笔者在探究四川深化南向开放的道路中，不仅将对四川省区位经济发展趋势的深入分析作为重要工作内容，同时将分析南向省份的区位经济发展趋势作为重要工作内容之一，以此确保四川深化南向开放的举措具备客观、可靠的依据。

笔者经过分析陕西省、云南省、贵州省区位经济发展的总体趋势，发现三省在经济发展道路中，普遍能够高度明确区域优势产业，并且在优势产业资源与市场的拓展方面，都不断加大投入力度，进而确保区域产业能够与其他南向省份之间形成错位发展的态势，为区域经济协同发展并最终实现高质量发展目标提供强有力的保障。接下来笔者就立足上述三个南向省份，将区位经济互补优势的具体体现加以详细说明。

（一）陕西省区位经济发展趋势与区位经济互补优势

1.陕西省区位经济发展趋势

陕西省作为我国西北部经济强省，诸多资源和便捷的交通为其经济发展起到重要支撑与推动作用，所以陕西省也是我国西北部重要的经济中

心、文化中心、交通枢纽。自 2016 年"十三五"规划正式开启，到 2021 年"十四五"规划全面落实，在短短 6 年多时间中，陕西省全省经济总量呈现逐年递增的态势，这也正是该省区位经济发展趋势总结性的说明。

2. 陕西省区位经济互补优势

陕西省位于我国西北部，历史文化资源极为丰富，旅游业相对发达。全省各市普遍有较为丰富的旅游资源，所以旅游经济是该省的主要经济支撑之一。榆林市作为我国唯一的能源化工基地，新型能源产业化发展动力强劲，新型能源产业成为陕西省重要的新兴产业。从自然资源和矿产资源角度出发，自然资源主要分布在陕西省北部和西部地区。与此同时，随着农业科技在陕西省不断推广，机械化生产是全面发展陕西农业经济的重要推动力。从矿产资源和水资源角度出发，陕北地区优质环保煤、石油、天然气最为富集，膨润土、盐类矿产资源也较为丰富。同时北秦岭和关中盆地因构造复杂和成矿期次多而形成种类多样的成矿区块，如煤、钼、金、建材矿产。矿业成为该地区优势产业，是区域经济发展的核心力量。虽然陕西地处黄土高原，但是其境内的水力资源不容忽视，渭河、泾河、汉江等多条江河流经陕西省内多个城市，所以交通运输业也在推动陕西省区域经济又好又快发展。综合以上观点可以看出，陕西省经济发展与四川省之间形成区位互补，特别是在丰富的文化资源和能源化工领域能够为四川经济发展打开一扇新大门。

（二）云南省区位经济发展趋势与区位经济互补优势

1. 云南省区位经济发展趋势

2022 年，云南省区域经济发展依然呈现出显著的成果，这不仅为云南省经济与社会高质量发展提供了强大的动力，更助力其驶向又好又快发展的快车道。具体表现为在"十四五"规划的开局之年 2021 年，云南省全省地区生产总值已经达到 28954.2 亿元，与 2021 年相比增长 4.3%，增长幅度位居全国前列。

同时，2020年和2021年两年云南省全省生产总值平均增长5.6%，与全国平均增长速度相比高出0.5%。其中，旅游产业、生产制造业、对外贸易总量增幅较大，这些也是云南省经济发展的重要支柱所在。通过这一组数据可以发现，云南省在经济发展道路中，区位经济发展的趋势较为明显，主要利用了得天独厚的资源来带动区域经济实现高质量发展，同时发展的过程能够保持又好又快，确保经济发展的强劲势头永久保持，不断扩大南向开放的经济成果。

2. 云南省区位经济互补优势

云南省东部与贵州、广西为邻，北部与四川相连，西北部紧依西藏，西部与缅甸接壤，南部和老挝、越南毗邻，拥有较长的国境线，因此拥有较多的对外开放口岸，对外贸易成为云南省重要经济支柱。另外，由于地理位置和气候条件具有一定的特殊性，所以云南省自然生态资源较为丰富。政府有关主管部门正在加大投入力度，确保这些原生态自然资源得到更好的保护，并以此为依托开发出更为丰富的旅游景区，所以旅游产业也成为云南省重要的经济支柱。

另外，云南省作为我国重要的中药材产地，中药材产量连年保持全国第一，中药材加工产业也是云南省经济发展道路的重要支点。通过以上内容不难发现，云南省在经济发展道路中无论是在地理位置上，还是在资源条件上都具有明显的特色，所以其经济发展的区位优势显著，与其他南向开放省份之间能够形成区位优势互补。

（三）贵州省区位经济发展趋势与区位经济互补优势

1. 贵州省区位经济发展趋势

同样是在"十四五"规划的开局之年，贵州省致力于经济高质量发展，从"四新"入手着眼"四化"的高质量发展，赶超进位的势头强劲，在当年已经实现全省生产总值增长8%的目标。2020年和2021年生产总值平均每年增长6.3%，两年平均增速也达到了1.2%，增长速度排在全国前列。

2022 年，国家立足区域经济发展的大形势，针对西部大开发战略做出了进一步调整，为贵州省区域经济与社会发展进一步释放了空间。这不仅为贵州省经济发展进一步指明了方向，同时为贵州省区位经济高质量发展提供了重要的指导作用。贵州省政府也相继出台一系列"含金量"较高、可操作性较强的重大战略举措，从而为进一步深化西部大开发战略实施提供了鲜明的政策导向，并且在人力、物力、财力上也得到支持。其中，绿色、创新、大数据产业成为贵州省区位经济发展的主要趋势所在。

2.贵州省区位经济互补优势

就目前而言，贵州省作为我国大数据基地和创新基地，数字产业和创新创业产业发展势头强劲，这也正是当前贵州省经济实现全面发展的重要原因。

除此之外，该省水煤结合能源也极为丰富，"水火互济"成为有效节省矿产资源确保正常生产的重要条件，这一能源也能为贵州省带来较大的经济效益。在自然风光方面，贵州省地处云贵高原，生态资源保护受到高度重视，所以原生态的自然风光也为贵州省旅游经济的全面发展提供了重要支撑条件。结合上述内容，可以看出在贵州省范围内特色产业和特色经济较为丰富，能够与其他南向省份之间形成区位经济互补，互补优势更是显而易见。

综上所述，在新发展格局下四川省及其他南向开放省份在南向开放道路中，已经高度明确要立足区位经济发展的优势实现相互补齐短板，通过优势资源、高度共享、协同发展的理念让西南地区成为我国一条重要的经济带，从而推动各区域经济实现整体性的提升。在必要条件方面必须高度重视人力资源发挥的作用，这不仅是当前我国新发展格局下南向开放的必要条件，更是未来我国南向开放实现深化发展的关键性和决定性因素之一。在新发展格局下四川省深化南向开放也是如此。四川省及南向省份人力资源优势的具体分析是笔者在下一小节所要论述的主要内容。

第二节　四川及南向省份的人力资源优势

人力资源建设与发展是区域经济发展关键性条件之一，其成果也必然会影响区域经济发展的走向。四川省深化南向开放的道路也不例外，必须要有充足的人力资源作为保证。在新发展格局下，四川省在深化南向开放道路的建设中，必须将全面加强人力资源建设作为基础中的基础，关键中的关键，由此方可确保南向开放之路成就我国西南地区经济又好又快发展。四川省及南向省份在人力资源方面存在一定的优势，本节笔者就以此为中心，将人力资源优势进行全面分析。

一、四川人力资源配置与发展形势分析

人力资源配置情况和发展情况可以客观反映出区域产业发展道路是否具备充足的人力资源，同时能客观呈现区域经济发展道路中人才所能够提供的支撑条件，更是判断区域经济发展活力的一项重要指标。对此，在探明区域经济发展的总体状况过程中，必须将人力资源配置与发展形势加以明确分析，本书也不例外，具体分析如下。

（一）四川人力资源配置情况分析

人力资源配置的科学性与合理性直接影响区域经济发展的整体效果，四川省在南向开放道路中实现经济高质量发展也不例外。对此，有效分析当前四川省人力资源配置的整体情况，探明人力资源配置的科学性与合理性就成为不断优化人力资源配置的有利前提，确保人力资源更好地服务四川省深化南向开放。笔者在表4-2中，就明确四川省2021年在人力资源配置上所落实的重要举措和相关数据，并在下文中分析当前四川省人力资源配置的科学性与合理性。

表4-2　2021年四川省人力资源配置情况数据统计表

项目编号	人力资源配置重要举措	相关数据
1	全年城镇新增就业岗位	105.12 万个
2	城镇失业率控制	＜ 5.5%
3	高校毕业生就业率	＞ 85%
4	失业人员再就业	32.24 万人
5	全年补贴性培训	227 万人次
6	线上线下招聘岗位	97 万个

数据来源：2021 年四川省人力资源市场季度供求情况分析报告。

如表 4-2 所示，面对当今时代经济发展新发展格局的全面形成，四川省在南向开放道路中已经将人力资源科学配置放在重要位置，并且在各项重大举措中加以充分证明。其中，特别是在提升高校毕业生就业率方面，相关主管部门不断加大激励力度，引领高校毕业生科学就业，让优质人才服务全省经济的高质量发展，高校大学生成功就业率已经达到85% 以上。

除此之外，在线上线下岗位招聘制度方面，相关主管部门已经做出明确的规定，不断加大招聘平台的投入力度，采取线上线下就业指导、线上线下就业信息发布、线上线下就业渠道简化等一系列措施，其目的就是要让更多的人才能够通过最简便的渠道顺利获得工作岗位，更好地服务四川省经济高质量发展。2021 年，线上线下成功招聘的岗位已经达到 97 万。四川省还加大就业岗位政府补贴性培训的力度，使在岗工作人员有更多的机会提升自己的专业能力和专项技能，助力其自身在加快四川省区域经济高质量发展道路中的作用提升与价值最大化。仅 2021 年，政府组织补贴性培训就已经达到 227 万人次，有力说明了当前四川省人力资源配置在科学化与合理化的道路中越走越远。

（二）四川人力资源发展形势分析

从发展的可持续性角度出发，面向世界、面向现代化、面向未来，由此方可确保发展的方向始终与时代进步的新要求相一致，发展的可持续性才会不断增强，确保发展的成果始终能够推动国家、民族、社会的进步。随着当今时代经济发展新发展格局的全面形成，南向开放成为新发展格局中的一项重要战略举措，不断深化南向开放广度与深度是更好地适应时代经济发展新发展格局的关键性条件。

四川省作为我国西南地区经济发展的中心区域，全面深化南向开放应作为经济高质量发展道路的中间环节，人力资源发展要开阔视野、面向世界，站在未来长远发展的角度分析现代产业人才需求，由此方可确保四川省深化南向开放的道路越走越宽，经济高质量发展的可持续性不断提升。笔者接下来就通过表4-3，针对2022年四川省产业行业人力资源需求情况进行统计，并且对发展形势做出全面概括。

表4-3　2022年四川省产业行业人力资源需求情况统计

产业	行业	岗位需求（个）	所占比重		
			第二季度（%）	同比（%）	环比（%）
第一产业	农、林、牧、渔业	33414	4.50	1.87	1.54
第二产业	采矿业	8873	1.20	−0.41	−0.02
	制造业	269878	36.36	−2.24	4.77
	电力、热力、燃气、水生产、供应业	13881	1.87	−0.22	−0.49
	建筑业	41101	5.54	−0.29	−0.29

（续　表）

产业	行业	岗位需求（个）	所占比重		
			第二季度（%）	同比（%）	环比（%）
第三产业	批发和零售业	67968	9.16	1.80	−0.23
	交通运输业、仓储和邮政业	32515	4.38	0.36	0.57
	住宿和餐饮业	63007	8.49	0.82	−0.06
	信息传输、软件业、信息技术服务业	26390	3.55	−0.10	−1.29
	金融业	15217	2.05	0.25	0.14
	房地产业	25678	3.46	−0.84	−1.58
	租赁和商务服务业	35772	4.82	0.60	1.21
	科学研究和技术服务业	8184	1.10	−0.52	−0.56
	水利、环境、公共设施管理业	3176	0.43	0.08	−0.03
	居民服务、修理、其他服务业	62020	8.35	−1.13	0.54
	教育	14220	1.92	−0.30	−3.56
	卫生和社会工作	6857	0.92	0.09	−0.39
	文化、体育、娱乐业	11382	1.53	0.07	−0.20
	公共管理、社会保障、社会组织	2768	0.37	0.09	−0.06
	国际组织	36	0.00	0.00	0.00
合计		742337	100	—	—

数据来源：四川省人力资源和社会保障厅。

如表 4-3 所示，在 2022 年第二季度，四川省人力资源需求形势较为明朗，第一产业、第二产业的制造业、第三产业的交通运输业等行业人力资源需求明显增加，并且增加了关于国际组织方面的人才需求。虽然环比增长幅度并不十分明显，但是可以充分体现出增长的可持续性，充分体现四川省在第一产业、第二产业、第三产业人才需求有着明显的侧重点。这为全面深化四川省南向开放提出了更高要求，如何有效进行合理的人力资源配置也成为四川省深化南向开放道路中的关键一环。

二、南向省份人力资源配置与发展形势分析

由于全面打通南向通道成为全面推动区域经济与社会协同发展，最终实现区域经济与社会高质量发展目标的理想载体，所以诸多省份纷纷落实南向开放战略，并且在资源配置方面做出明确战略部署，进行长远的发展规划，确保南向开放道路拥有较为充足的人力资源，为全面加快区域经济协同发展，并最终实现区域经济高质量发展目标提供强有力的保障。接下来笔者就对云南省、陕西省、贵州省人力资源配置情况，以及未来发展形势进行深入分析。

（一）南向省份人力资源配置情况分析

打通南向通道是我国经济发展新格局下，全面加快区域经济发展步伐的一项重要措施，所涉及的省份在各方面不断加大投入力度，确保南向开放各项工作有条不紊地进行。其中，人力资源充足与否直接影响南向开放成败，各省、自治区、直辖市都在人力资源配置方面不断做出战略调整。为此，笔者在表4-4中，就通过列举云南省、陕西省、贵州省2021年人力资源配置所采取的主要措施以及相关数据，以直观的方式呈现出南向省份人力资源配置情况。

表4-4　2021年南向省份人力资源配置情况统计

所属地区	人力资源配置重要举措	相关数据
云南省	城镇新增就业人数	＞250万人
	失业率	＜5.5%
	扶持自主创业	＞40万人
	农民工参加职业培训	＞100万人次
	登记失业率	＜5%

（续　表）

所属地区	人力资源配置重要举措	相关数据
陕西省	城镇新增就业人数	> 225 万人
	高技能人才总量	146 万人
	专业技术人才总量	206 万人
	登记失业率	3.62%
	高、中、初级专业技术人才比例	10：40：50
贵州省	中高职毕业生省内就业率	70%
	已就业创业	379.95 万人
	就业创业服务	56.05 万人次
	就业创业服务中心	771 家

数据来源：云南网、陕西省人力资源和社会保障厅、天眼新闻。

如表 4-4 所示，在"十三五"规划中，云南省、陕西省、贵州省人力资源和社会保障部门在人力资源配置方面采取的举措大致相同，关注的重点普遍体现在增加城镇就业人数、减少城乡失业率、积极开展职业培训和创新创业服务活动、增加专业技术人员总数量等方面，并取得辉煌的成果。进入"十四五"规划时期，上述数据在有关政府部门工作网站并没有实时更新，在南向开放全面深化落实大背景下，南向开放省份的人力资源配置情况也会趋于理想化，能够为区域产业发展提供重要的人力资源保障。

（二）南向省份人力资源发展形势分析

人力资源是决定区域经济发展的重要前提条件，其充足性能够说明区域经济发展的动力，其侧重性能够反映区域经济发展的主要方向所在。为此，在新时代经济发展新发展格局下，南向省份经济发展的主要方向通过人力资源形势就能客观呈现。对此，笔者接下来就通过表 4-5，将2021 年南向省份产业行业人力资源需求情况进行汇总，并在下文中结合人力资源发展大形势将区域经济发展的宏观方向加以明确。

表4-5　2021年南向省份产业行业人力资源需求情况统计

地区	产业	需求人数	所占比重（%）	与上年相比需求变化（%）
陕西省	第一产业	32896	8.98	-0.09
	第二产业	125512	34.26	-3.35
	第三产业	207956	56.76	3.44
	合计	366364	100	—
贵州省	第一产业	3500	1.71	-0.66
	第二产业	52500	25.53	2.41
	第三产业	149600	72.76	-1.75
	合计	205600	100	—
云南省	第一产业	11870000	42.79	-47.96
	第二产业	4990000	17.99	-24.33
	第三产业	10880000	39.22	28.98
	合计	27740000	100	—

数据来源：陕西省、贵州省、云南省人力资源和社会保障厅。

如表4-5所示，陕西省、贵州省、云南省在2021年产业行业人力资源需求呈现出共性特征，第一产业人才需求普遍呈现下降趋势，陕西省和昆明市在第三产业人才的需求数量上有着明显增加。另外，虽然在数据上贵州省第三产业人才需求数量呈现明显的下降趋势，但是其人才需求所占比重较大，出现上下浮动情况。这一组数据也充分说明，陕西、贵州、云南等省份在经济发展道路中，将全力推动第三产业发展作为基本侧重点，是经济发展新发展格局下产业结构优化调整的主要方向所在。

三、四川及南向省份的人力资源优势归纳

南向开放作为全面加快国民经济与社会发展步伐，推动国民经济与社会实现高质量发展目标的一项重要举措，其中所涉及的省份较多。笔者在深入探索四川省及南向省份人力资源优势过程中，主要以四川省、

云南省、陕西省、贵州省为例，将其人力资源优势进行系统分析，从而明确在全面加快区域经济高质量发展步伐过程中其所能够提供的核心动力。下面笔者就将四川省及上述南向省份人力资源优势进行归纳总结，以此为四川深化南向开放提供依据。

（一）四川人力资源优势归纳

四川省是我国人口大省，从 2020 年第七次全国人口普查公布的结果来看，四川省当前常住人口达到 83674866 人，常住人口占全国人口总比重的 5.93%。这一数据充分说明四川省区域经济具有强劲的发展动力，原因在于人口越稠密的地区市场越广阔，广阔的市场就意味着产品需求程度的不断增加，进而催生产业化发展水平的不断提升，而产业形成可推动市场的不断外扩和产品的不断创新，进而形成区域经济高质量发展态势。在此期间，满足市场需求和产业化发展需求自然成为区域经济发展的重要保障条件，常住人口数量越多可以保证区域产业发展的人力资源条件越充分，可以更好地服务区域经济高质量发展。

（二）南向省份人力资源优势归纳

从南向省份所涵盖的范围来看，其主要包括 12 个省、自治区、直辖市，其中四川、陕西、贵州、云南作为我国西部地区经济、文化、科技、教育中心城市，不仅具有极强的带动和辐射作用，更是推动西部地区经济实现整体高质量发展的中坚力量。其中，除四川省外，贵州、云南、陕西等省高等教育优势也较为明显，为我国西部经济发展提供充足的高质量人才，这为全面加快南向省份开放广度与深度提供了重要人力资源保障，这也是南向省份人力资源有利也是直接的表达。

综合本节笔者所阐述的观点可以看出，在新发展格局下，南向开放省份在人力资源配置与发展方面都具有各自的优势，四川省南向开放人力资源配置和发展的优势更加明显，能够为深化南向开放提供强有力的人力资源保障。然而，单纯依靠人力资源优势和区位经济互补优势两项尚不足以支撑四川省深化南向开放实施过程，依然要有根本的动力条件作为支持，即高度的文化认同感。为此，笔者在本章最后一节就以此为立足点进行具体分析和论述。

第三节　四川及南向省份的文化认同优势

从群体始终保持可持续发展状态的根本性因素来看，高度的文化认同感是重要因素之一。南向开放作为我国新发展格局全面形成的重要组成部分，各省份必须要有高度的文化认同感作为支撑，四川省实现深化南向开放也是如此。笔者在本节内容中，分别立足四川省南向开放的文化认同优势和其他南向省份的文化认同优势条件进行深入挖掘，从中找出在文化认同方面能够支撑四川省不断深化南向开放的优势条件，进而为全面深化落实新发展格局下四川深化南向开放提供最根本，也是最关键的条件。

一、文化认同的内涵

"文化认同"是人们对不同文化中文化价值的一种肯定，其肯定程度越高群体内的文化包容性越强，群体发展的可持续性越强。中华民族优秀文化在全国范围内具有高度的认同感，其根本原因就是全国人民能够将文化所具有的价值充分肯定，进而让中华民族始终以饱满的精神状态屹立于世界民族之林，并成就民族的发展与辉煌。在新发展格局下的南向开放中，文化认同起着根本的支撑作用，四川省作为南向开放的重点区域之一，具有明显的文化认同优势。

所谓的"文化认同"，其实质就是某一群体受到文化影响时的一种感觉，文化认同程度直接决定某一群体内部文化的发展走势，而文化又是群体发展的决定性因素之一，所以文化认同直接关乎群体内部各项活动能否实现顺利开展。在此期间，文化认同往往体现在文化价值的认同，特别是对外来文化价值的认同上。

在明确"文化认同"的内涵基础上，针对"文化价值认同"的内涵就不难做出正确解读，其是针对某种文化在社会发展道路中所能够发挥的作用、产生的影响、具有的意义加以客观认知，从而形成一种深刻的感觉，以此为根据所做出的判断就是文化价值认同感。判断是否客观不仅直接影响文化价值认同是否正确，还能影响其认同程度高低，更能影响群体内部各项活动能否顺利开展。

二、四川南向发展的文化认同优势

四川省地处我国西南地区，汉族在全省人口总数中所占比重较大，并由蒙、回、藏、苗、彝等55个少数民族构成，是中华民族优秀文化的聚集地。从地域文化的特点角度出发，当地文化给人们最直接的感受就是包容性较强，从而成就全省人民高度的文化认同感，而这也正是四川省各项事业极具发展潜力的根本优势所在。

具体而言，在中华优秀传统文化中，"和谐统一""相互促进""协同发展"的理念是文化精髓，这不仅强调民族的整体性，更强调民族发展的可持续性。因此，这也正是中华民族优秀文化拥有5000多年发展史，以及中华民族作为世界优秀民族之一的主要原因所在。四川省作为中华民族优秀文化的聚集地，民族优秀文化的精髓厚植在每一寸土地之中，人们文化认同感较强，能够做到以发展的眼光看待新环境和新事物。南向发展作为当今乃至未来时代我国经济发展所呈现出的新发展格局，四川全省人民会以发展的眼光看待南向发展，并理解和接受南向发展的重要意义，从而形成一种高度的文化认同感。这也是四川省南向发展道路中，文化认同优势显著的展现。

三、南向省份的文化认同优势

南向开放作为当代我国经济发展新发展格局形成的重要组成部分，在我国西部地区已经得到了高度响应。其间，所涉及的省、自治区、直辖市能够将其接纳并做出积极部署的根本原因之一在于各省份的文化认同感较强，能够正确感知南向开放的战略意义和价值。这也是南向合作在我国经济发展新发展格局下得到高度响应并积极落实的根本优势之一。为此，接下来笔者就立足除四川省之外的南向开放省份，对其文化认同优势进行深入剖析，从而为新发展格局下积极加快南向开放步伐夯实基础。

就新发展格局下南向开放所涉及的省、自治区、直辖市来看，除四川省外还包括重庆、广西、贵州、甘肃、陕西共五个省、自治区、直辖市，其范围较广，充分说明南向开放在全面发展我国西部地区经济中的战略意义和作用。其中，重庆市作为我国西南地区唯一的直辖市，不仅发挥经济中心的作用，还发挥文化中心、科技中心、教育中心等作用。西安市作为我国西北地区屈指可数的国际大都市，在该地区也发挥与重庆市同样的作用。另外，广西作为我国华南地区唯一的自治区，是南向开放的重要节点所在。贵州与甘肃作为我国西北三省的重要组成部分，更是当今我国经济发展的后起之秀。

另外，从区域文化构成角度出发，重庆、广西、贵州、甘肃、陕西共五个省、自治区、直辖市可以用"区域文化高度融合"来形容，各地区之间的文化存在紧密的联系，在时代发展中相互影响并相互接纳，最终形成文化层面的和谐共生，每个地区都能以发展的眼光共同促进文化事业的进步，形成文化的高度认同。在此文化发展大环境下，各地区广大人民可以做到用长远发展的眼光看待我国当今经济发展新格局，在南向开放方面能普遍持有认同的态度，而这也正是南向省份文化认同优势的总体呈现，也是我国南向开放具有高度可持续性的根本所在。

　　综上所述，可以看出四川省及其他南向发展省份在区位经济互补、人力资源、文化认同方面都普遍具有各自的优势条件。这更加说明在新发展格局下，四川深化南向开放的必要性和迫切性，其时代意义不言而喻。切实将该目的成功转化却是一项系统的工程，明确所需要遵循的原则必须置于首位。笔者在下一章内容中，就以此为中心进行具体论述，为新发展格局下有效加快四川深化南向开放步伐打下坚实基础。

第五章　新发展格局下四川深化南向开放的基本原则

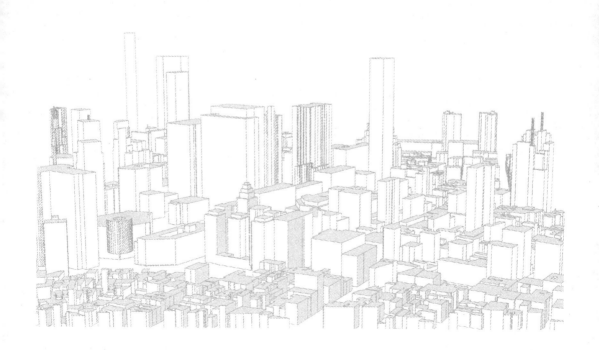

在新发展格局之下，四川深化南向开放是一项系统的工程，不仅要有明确的发展目标，还要遵循科学的原则，系统落实每一项工作，由此方可确保四川深化南向开放有效加快全省经济高质量发展步伐。接下来笔者先通过图5-1，将新发展格局下四川深化南向开放所遵循的原则直观呈现，并在本章各节内容中将各项原则加以系统说明，具体如下。

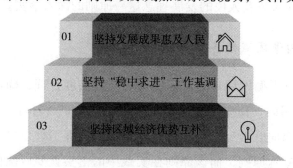

图 5-1 新发展格局下四川深化南向开放的基本原则

如图5-1所示，在新发展格局下，四川省深化南向开放的原则始终是以满足人民群众物质生活与精神生活的切实需要为根本立足点，以全面加快全省经济高质量发展步伐为中心，力求为全省人民打造一个和谐、幸福、高质量发展的经济与社会发展大环境。各项原则的具体解读如下。

第一节 坚持发展成果惠及人民的发展理念

国民经济与社会发展的最终目标，就是要让广大人民群众能够享有满意的物质生活和精神生活，全面实现这一目标则意味着国民经济与社会进入高质量发展阶段。在新发展理念与新发展格局下，四川深化南向开放也是为了这一目标的全面实现。故而坚持发展成果惠及人民的发展理念就成为四川深化南向开放必须遵循的原则之一。在具体贯彻与实施过程中，笔者认为必须从以下三方面着手。

一、促进区域协调发展

协调发展作为实现整体高质量发展的决定性因素之一，在区域经济整体性发展中同样适用。四川深化南向开放最终的目的就是要确保区域经济协调发展，并最终加快全省经济高质量发展步伐。所以在四川深化南向开放的道路中，必须将促进区域协调发展作为重要抓手，以此来保证坚持发展成果惠及人民的发展理念这一原则的深入落实。

（一）确保区域经济平衡发展

区域经济平衡发展是确保区域产业结构高度合理，确保区域经济发展格局更加明朗，清晰体现区域经济发展潜力的一项重要举措。对此，在四川深化南向开放道路中，促进区域协调发展不仅仅要作为目标，更要作为一项基本原则，而该原则在实践中的落实就要以确保区域经济平衡发展为出发点。

在践行促进区域协调发展原则的过程中，先要针对区域产业结构进行客观审视，了解区域资源优势，以及产业结构内部产能、库存、杠杆情况，从中找出极具发展潜力的产业并予以大力扶持，从而确保区域经济在平衡发展的同时，不断呈现出新的经济增长点。

（二）保证区域经济发展的公平性

区域经济发展要牢牢把握资源优势，最终形成特色产业是确保经济增长的必然条件。但这并不意味依靠哪种资源优势所形成的特色产业需要先发展，依靠哪种资源优势所形成的特色产业需要经过漫长等待。

也就是说，区域特色产业之间可以保持错位发展，但在发展过程中必须受到同等的重视，由此才能充分突显区域经济发展的公平性。四川深化南向开放的最终目的就是要确保区域经济实现协同发展，通过增产增收来满足全省人民物质与精神生活的需要。因此，保证区域经济发展的公平性是有效落实促进区域协调发展这一原则的重要抓手，从而充分保证坚持发展成果惠及人民的发展理念的落实。

二、促进绿色低碳发展

绿色低碳是当今时代经济与社会发展的主题，所以一切经济活动和社会活动都要以此为立足点全面开展，由此才能确保经济与社会发展真正惠及人民。在四川深化南向开放的道路中，必须将促进绿色低碳发展作为一项根本要求，由此来充分保证发展成果为全省人民带来福祉。

（一）增进民生福祉

人民美满幸福的生活状态，不仅是各级政府日常工作的一项基本追求，更是社会与经济发展的基本目标。在四川深化南向开放的道路中，推动区域经济协同发展，最终实现整体的又好又快发展必须将增进民生福祉作为重点关注对象。

在此期间，不仅要加大城市与乡村基本设施建设和产业体系优化的力度，还要强调加快美丽四川的建设进程，由此确保全省人民能够感受到在新发展理念和新发展格局下的环境宜居感和生活舒适感，进而让促进绿色低碳发展这一原则在四川深化南向开放过程中得到充分体现。

（二）建设良好生态环境

保护原有生态资源和建设理想生态环境是人类可持续发展的必然条件，如此经济与社会发展才会有光明的未来。

在全面推进区域经济协同发展的道路中，必须将保护原有生态资源以及建设良好生态环境作为重要抓手，坚持促进绿色低碳发展的原则。四川深化南向开放之路也是如此。其间，政府有关主管部门必须进行统筹规划、系统推进、全面管理，打造出绿色低碳循环经济发展思路，切实做到杜绝一切污染源的产生，让绿色经济产业成为推进区域经济协同发展的重要推手，并且最终形成绿色产业区域协同发展之势。这也是全面满足人民精神生活需求的重要保证。

三、促进创新驱动发展

从推动国民经济和社会发展的关键条件来看，科学技术和人才资源是两项必不可少的条件。科学技术水平的不断提升以及人才培养模式与路径的不断优化都需要有"创新"伴随其中，由此方可确保国民经济和社会发展的动力始终保持强劲，最终让发展成果真正惠及人民。因此，促进创新驱动发展就成为四川深化南向开放的重要抓手之一，其也是坚持发展成果惠及人民这一发展理念的重要着力点所在。

（一）满足人民美好生活需要

人民对美好生活的向往是社会发展的动力，区域经济发展的最终目标就是要为人民群众提供丰富的物质资源，同时让人民群众有能力追求多彩的精神生活，从而让人民美好生活的需要得到全面满足。

在四川深化南向开放的道路中，要将区域经济协同发展作为基本目标，并将高质量发展视为最终目标，确保在区域经济发展可持续性不断提升的基础上，不断将区域产业结构进行优化调整，不断引进优质资源和优质市场，以保证区域产业发展的可持续性和区域经济新增长点的不断涌现，为满足人民美好生活需要提供保障性条件。这也是四川深化南向开放道路中，切实做到发展成果惠及人民的重要立足点。

（二）不断突破发展瓶颈

发展是社会进步的象征，发展的过程中遇到瓶颈会导致社会发展停滞不前。而"创新"是发展的原动力所在，所以社会发展必须依靠创新，赋予创新发展驱动力，这是社会始终处于可持续发展状态的根本条件。

四川省在深化南向开放的道路中，要以全面加快社会发展进程为基本目标，将满足人民美好幸福生活的需求作为最终目标，创新成为驱动社会发展的动力源泉。立足突破四川省区域经济发展的瓶颈，不断探寻创新驱动发展的条件和因素就成为关键中的关键。这也是有效落实发展成果惠及人民理念的重要出发点所在，以及四川深化南向开放的重要抓手所在。

第二节　坚持"稳中求进"的工作总基调

由于"稳中求进"是确保区域经济高质量发展的根本条件，所以在四川深化南向开放道路中，坚持"稳中求进"工作总基调也是一项基本原则。在该原则的深入贯彻与落实过程中，需要从多个方面引起高度重视，由此方可确保四川省经济高质量发展能够拥有根本的保障。在本节内容中，笔者就立足四川深化南向开放有效坚持该原则的侧重点做出明确阐述，具体如下。

一、宏观政策要稳健有效

宏观政策作为国家针对加快某一领域发展进程所做出的重大战略部署，政策本身不仅具有高度的宏观性，同时具有明确的指向性。面对当今国民经济与社会发展新发展理念的全面提出和新发展格局的全面形成，宏观政策也相继出台并在各省、自治区、直辖市得到深入落实，为各省、自治区、直辖市经济与社会发展指明了方向。在四川深化南向开放的道路中，必须根据国家所提出的宏观政策，有针对性地制定出适合本省经济与社会高质量发展的相关政策，并突出政策本身的宏观性与指向性，力求为全省经济高质量发展提供良好的政策环境，让坚持"稳中求进"工作总基调在四川深化南向开放的道路中得以深入落实。

（一）宏观政策要与经济总量保持基本持平

在经济学领域中，宏观政策通常是指党中央、国务院针对我国经济可持续发展所做出的战略部署，具有显著的宏观调控功能。针对国民经济与社会发展，党中央、国务院提出新发展理念和新发展格局，并且就全面贯彻落实新发展理念和新发展格局提出了一系列明确要求，进一步加强南向开放是宏观政策的重要组成部分。

基于此，四川省在深化南向开放的道路中，要合理制定出宏观政策，并且确保政策本身对全省经济发展能够起到宏观调控的作用，切实为区域经济协同发展提供政策指导。在这里，笔者认为必须做到宏观政策的数量和四川省经济总量之间保持基本持平，确保宏观政策体系科学合理，引领四川省区域经济高质量发展。

（二）宏观政策要纳入为弥补市场失灵采取的其他措施

国民经济与社会发展需要有"无形的手"进行调控，通过对财政收支总量、外汇收支总量、主要物资的供求情况进行有效调控，来保证经济持续、稳定、协调增长。

这些措施显然都是政府有效弥补市场失灵所采取的，具有宏观调控作用，所以要将其纳入宏观政策范畴。四川在打通南向开放通道的过程中，以区域经济协同发展为最终目标，各项措施的全面落实必须要有明确的宏观政策作为指引，但是不排除有市场失灵的风险。所以在四川深化南向开放的道路中，宏观政策要稳健有效就要将弥补市场失灵所采取的措施作为重要组成部分，力保深化南向开放蹄疾步稳。

二、微观政策要持续激发市场主体活力

细节能够决定成败，虽然宏观政策在国民经济与社会发展道路中能够发挥方向指引作用，各项细节如果不能保持最优，那么会导致经济发

展遇到瓶颈，高质量发展更是无从谈起。四川在深化南向开放的道路中，不仅要确保宏观政策的稳健有效，更要强调微观政策持续激发市场主体活力，由此方可为四川深化南向开放，促进区域经济协同发展，最终实现全省经济高质量发展目标提供强有力的政策保障，让深化南向开放的各项工作稳步前行。

（一）明确四川深化南向开放微观政策的内涵

从经济学领域讲，微观政策指微观经济政策，政策本身能够对经济微观变量产生作用，能够确保经济目标得以顺利实现。在四川全面深化南向开放的道路中，微观政策主要体现在物价政策、福利政策、教育政策等多个方面，以此确保四川深化南向开放之路不仅有宏观导向性政策作为支撑，更有微观保障性政策作为支撑，推动产业化发展全过程劳动力的流动性、人才资源的共享性、国内与国际优质资源和市场利用的高效性不断提升，由此让市场主体活力能够得到持续激发，助力四川省经济的高质量发展。

（二）明确四川深化南向开放微观政策的主要内容

四川深化南向开放是一项系统的工程，任何细节都会影响区域经济协同发展的整体质量，因此在各项措施的全面落实过程中，必须高度明确微观政策的主要内容，如价格政策、收入政策、消费政策、就业政策等，确保四川深化南向开放之路能够将资源优势和市场优势在产业优势中充分展现，并最大限度转化为经济效益。

三、科技政策要扎实落地

科技政策是全面提高我国科学技术水平的重要保障条件，政策本身不仅具有宏观性和指向性特征，同时具有高度的微观性特征。在四川深化南向开放的道路中，科学技术水平所产生的影响显著，全面强化科技创新和科研成果的转化就成为关键所在。因此，确保科技政策扎实落实就成为四川深化南向开放实现"稳中求进"的又一重要抓手。

（一）明确四川深化南向开放科技政策的内涵

科技政策作为国家在各发展阶段为实现科技任务所提出的基本行动准则，在科技创新发展道路中有着显著的导向作用，同时为全面推动国民经济与社会发展提供强有力的政策支撑作用。

四川深化南向开放关键的一环就是要让产业体系的优势产能最大限度释放，从而让区域产业发展的步伐与时代发展大环境高度吻合。科技创新成果的不断涌现是重要的支撑条件，故而明确科技政策的内涵是四川深化南向开放"稳中求进"必不可少的条件。

（二）明确四川深化南向开放科技政策的主要内容

科学技术是第一生产力，也是推动区域经济发展的核心力量，所以科技创新要作为驱动区域经济发展的核心动力。四川深化南向开放的最终目标就是要确保区域经济实现协同发展，科技创新要发挥至关重要的推动作用，明确科技政策也是确保四川深化南向开放坚持"稳中求进"工作总基调的一项重要举措。

其中，主要的政策内容应涵盖国际科技创新合作体制机制、畅通国际科技创新合作渠道、国际科技创新合作模式等多项内容，确保四川省区域产业全面提升开放性和创新性拥有坚实的科技创新成果作为支撑。

第三节　坚持区域经济优势互补的原则

优势互补是实现区域经济协同发展，最终达到经济高质量发展目标的必然要求，也是新发展理念和新发展格局下，四川深化南向开放道路中必须遵循的一项基本原则。在实践中切实做到深入贯彻和落实该原则并非易事，需要从多方面入手。接下来笔者就先通过图 5-2，将四川深化南向开放坚持区域经济优势互补原则的必要条件加以明确，让各必要条件在区域经济协同发展中发挥的作用得以展现，使坚持该原则的重要性得以体现，并在下文中有针对性地进行明确解读。

夯实多点支撑的
"基石"

加大区域中心城市的建设力度
全面加强区域中心城市的产业
人才培育

提升极核功能
和综合承载能力

圈层推进要作为提升极核功能和
综合承载能力的基本思想
加强资源转化应视为提升极核功能
和综合承载能力的重点关注视角

增强高端战略资源
和市场的集聚能力

人、城、境、业的高度统一
"一市两场"布局的深度落实
城市空间结构的进一步完善
区域中心城市发展轴的高度明确

图 5-2 坚持区域经济优势互补原则的必要条件

如图 5-2 所示，在四川深化南向开放的道路中，在确保区域经济协同发展，最终实现全省经济高质量发展目标的过程中，必须做到深入挖掘区域经济的优势条件，确保其优势能够形成互补，进而确保省内各个区域之间在经济发展道路中能够实现相互促进。然而，在该原则的落实过程中，明确上图中所呈现的必要条件只是基础工作，如何将其深化落实还要进行深层次的探索。笔者在本节内容之中，就针对坚持该原则的必要条件进行逐一解读，具体如下。

一、增强高端战略资源和市场的集聚能力

高端战略资源和市场为产业发展提供重要的资源保障，资源总量决定产业发展自身的优势能够被最大限度挖掘。所以，在当今国民经济与社会发展道路中，产业高端战略资源和市场的深度开发并全面引进就成为推动区域经济高质量发展的关键条件。四川深化南向开放就是要助力全省经济实现高质量发展，让区域经济发展能够实现高度协同，为此增强高端战略资源和市场的集聚能力必须作为重点关注对象，以此确保区域经济优势互补原则在实践中的深入落实。

（一）人、城、境、业的高度统一

区域经济高质量发展是一项多维、立体、系统的发展过程，各要素之间必须保持高度和谐统一，否则就会影响区域经济协同发展的效果。

就四川深化南向开放的道路而言，人才是基础中的基础、城市是重要的载体、环境是确保可持续发展的关键、产业是区域经济协同发展的动力。在四川深化南向开放的过程中，有效坚持区域经济优势互补原则就必须从增强高端战略资源和市场的集聚能力入手，人、城、境、业的高度统一是根本的前提条件。

（二）"一市两场"布局的深度落实

交通运输承载能力是决定区域经济发展的又一重要因素，这一能力越强说明区域经济发展的道路越便捷，区域经济发展的优势也能被外界所广泛了解。

就当前四川省南向开放所取得成果而言，城市交通枢纽已经取得了显著的成果，但在全面、立体、开放的程度上还有待进一步提升，这也正是四川深化南向开放的重要着力点。在此期间，笔者认为要确保成都双流国际机场与重庆江北国际机场协同运营，通过共同优化航线的方式

增强航空运输能力，以此为区域经济优势互补提供强有力的保障。

（三）城市空间结构的进一步完善

城市空间结构是指城市地域结构，其中既包括城市必须具备的功能，又包括相应的地质外貌的功能区分，通常人们也将其称为"城市内部结构"。

城市的功能可以决定城市的形态，更能决定城市的未来发展。针对于此，在推动区域经济发展的道路中，必须将全面完善城市空间结构作为重要工作内容。四川深化南向开放之路也要将进一步完善城市空间结构视为必不可少的一项。笔者认为最理想的结构应包括城市组群、功能片区、产业社区三部分，城市功能更加突出生态导向、文化导向、产业导向三个方面。

（四）区域中心城市发展轴的高度明确

从树木生长的一般规律来看，先有树干之后才会有树枝，枝繁叶茂的状态最后呈现。树木的基本生长规律在区域经济发展中同样适用。区域经济发展要呈现出"干支协同共进"的局面，以干带支并最终形成开枝散叶的局面是理想的发展状态。四川省区域经济发展就是如此。

在这里，笔者认为先要确定成渝地区双城经济圈建设的基本范围，这一目标当前已经全面实现，随后要将中心城市的发展轴确立起来，这恰恰是经济圈的中轴线所在，最后则要不断增加区域中心城市的数量，形成面—线—点的发展阶段，进而方可确保四川省区域经济发展最终能作用到每一个点，优势产业之间的互补性充分显现，推动区域经济发展保持高度协同性。

二、提升极核功能和综合承载能力

在区域经济发展道路中，必须明确由面到线，再从线到点的发展思路，让每一个点都能积蓄足够的能量，进而迸发出强大的产能，带动周围经济发展。在此期间，区域范围之内必须要有核心城市，还要具备强大的综合承载功能，由此方可确定经济圈和能量辐射范围，最终为区域范围内形成更多经济中心城市提供强大的能量之源。

（一）圈层推进要作为提升极核功能和综合承载能力的基本思想

圈层推进作为一体化发展的模式，由于在推动区域经济一体化发展中的作用显著，因此已经在区域经济发展中得到运用。该模式以现代化大都市圈建设为根本，在确定区域经济圈之后确定极核，并根据区域经济发展的未来规划不断完善极核功能和综合承载能力，使区域中心城市相继出现，带动区域经济的协同发展。

基于此，四川在深化南向开放的道路中，坚持区域经济优势互补原则就必须在提升极核功能和综合承载能力上引起高度重视，由此方可保证极核功能始终保持高度完善和综合承载能力始终保持全面化，为四川省区域经济协同发展提供强大的思想动力。

（二）加强资源转化应作为提升极核功能和综合承载能力的重点关注视角

资源转化是将资源转化为经济效益的具体操作过程，其流程是否科学合理会直接影响资源的经济效益能否实现最大化。

区域经济能否真正体现出其所蕴藏的优势和特色，关键在于资源转化效率能否达到最高，故而在区域经济发展道路中，普遍将资源转化作为区域极核所必须具备的功能，其也是综合承载能力的一种体现。针对于此，四川在深化南向开放道路中，全面贯彻区域经济优势互补原则必须将提升极核功能和综合承载能力作为主要的突破口，而加强资源转化就要作为提升极核功能和综合承载能力重点关注视角。其中资源转化流程和实践策略的不断深化会加快区域经济优势互补的步伐，为四川省区域经济协同发展提供强大的实践推动力。

三、夯实多点支撑的"基石"

区域中心城市的建设在区域经济协同发展道路中发挥着至关重要的作用，其中具体的表现就是其能够让区域经济发展拥有多点支撑、多点带动、多点促进，进而确保经济发展的能量实现区域全覆盖。这是区域经济实现优势互补的重要体现，也是区域经济最终迈向高质量发展的必备条件。四川深化南向开放的最终目的就是以区域经济协同发展为基础，实现全省经济高质量发展目标，夯实多点支撑的"基石"需要作为一项基本任务，这也是区域经济优势互补原则在四川深化南向开放道路中直观的体现。笔者认为，坚持该原则必须从以下两方面入手。

（一）加大区域中心城市的建设力度

区域中心城市是带动区域经济发展的重要支点，因此四川在深化南向开放的道路中，先要将对区域中心城市的大力扶持作为一项重要内容，不断加大建设力度，为其提供全面的政策导向，由此确保四川省区域中心城市遍布全省，区域产业呈网格状分布，为四川省区域经济协同发展夯实多点支撑的"基石"。

这是四川在深化南向开放道路中有效贯彻坚持区域经济优势互补原则的重要突破口之一，更是全面增强四川省产业结构科学性与合理性，推动区域经济整体实现高质量发展的重要保障。

（二）全面加强区域中心城市的产业人才培育

区域中心城市在区域经济协同发展过程中的作用体现需要高层次人才作为支撑，人才数量是否充足、人才结构是否合理、人才培养模式与路径是否科学，直接影响区域中心城市经济发展的整体水平，也会对区域中心城市的经济带动和能量辐射造成影响。

对此，四川在深化南向开放的道路中，确保区域中心城市最大限度发挥经济辐射作用和带动作用就必须注重全面培育产业人才，并且要将"高层次"作为人才培养的标准。其间，不仅要求高层次人才结构包括学科领军人才、科技带头人才、高水平管理人才、高质量储备人才，更要确保人才培养模式能够实现国内外协同合作，力求区域中心城市不仅作为区域经济发展的中心，更是区域教育、科研等领域的中心，为实现经济发展的带动作用和辐射作用最大化夯实多点支撑的"基石"。

第六章　新发展格局下四川深化南向开放的工作要点

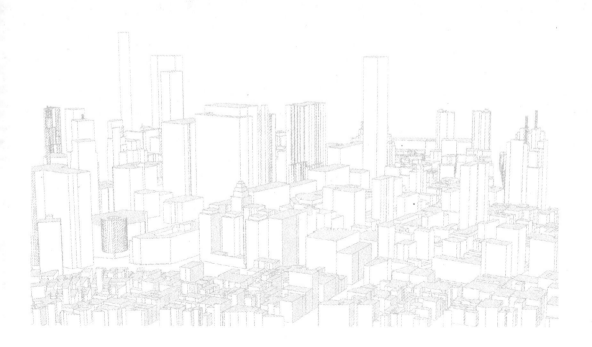

在国民经济与社会发展新格局之下，四川深化南向开放是一项系统的工程，其间不仅要明确深化南向开放的根本目标与原则，更要将工作重点加以高度明确，由此方可确保深化南向开放的实施方案更加细化，为加快全省经济高质量发展的步伐提供有力的保证。笔者先通过图 6-1 将新发展格局下四川深化南向开放工作要点直观呈现，明确四川深化南向开放的整体思路。

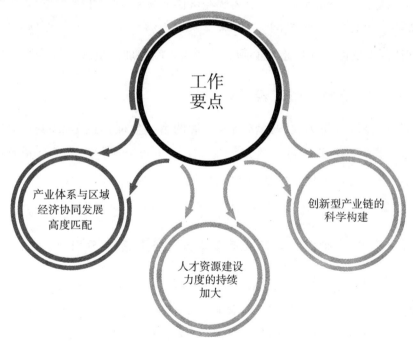

图 6-1 新发展格局下四川深化南向开放的工作要点总览

如图 6-1 所示，四川深化南向开放的最终目标就是要实现区域经济的协同发展，由此突出每个区域经济发展的优势条件，并最终成就四川省整体经济实现高质量发展。其中产业体系的科学构建是首要条件，除此之外还要有充足的人才资源和创新型产业链作为支撑。这些工作重点也充分说明四川深化南向开放的基本任务，笔者在下文中会针对上述工作重点逐一做出明确阐述。

第一节　新发展格局下建立健全区域经济协同发展的产业体系

产业体系是否健全，是否能够满足新时代国民经济与社会发展的总体需要可决定经济能否实现高质量发展。所以四川省在不断深化南向开放的道路中，必须将建立健全区域经济协同发展的产业体系作为一项重要内容，将其置于首要位置。笔者在本节内容之中，就将建立健全区域经济协同发展的产业体系所必须关注的焦点问题加以呈现，具体如下。

一、主动融入长江经济带

长江经济带作为我国经济高速发展的重要象征，也是带动我国经济进入高速发展快车道的原动力所在。所以在四川深化南向发展道路中，区域经济协同发展体系的建立健全必须将主动融入长江经济带作为一项重要任务。在实践过程中必须在以下两方面引起高度重视。

（一）明确深化南向开放的基本立足点和基本原则

当前国民经济与社会发展的新发展理念与新发展格局为区域经济发展提出了更为明确的要求。具体而言，区域经济发展必须保持高度协同，并且要充分发挥出区域资源优势，深挖国内市场和国际市场需求。

除此之外，还要注重以全面和立体开放的视角，将国内与国际优质资源和市场充分引进，在削减落后产能和剩余产能的同时，激发区域优势产能，由此确保区域经济协同发展并打造出健全的产业体系。这些新要求是区域经济发展之路前所未有的机遇所在，同时也为区域经济高质量发展提出了严峻挑战。四川省深化南向开放正是更好地满足上述新要求、迎接新挑战所采取的一项重要举措。在此期间，不仅要以"共抓大保护、不搞大开发"，有针对性进行优势产业的全面扶持，并且助优势产业成为产业龙头，带动区域产业实现整体性大发展为基本立足点，还要以不断完善环境污染联防联控、协同各经济圈共同开展生态环境保护、促进区域经济协同发展为基本原则，由此确保四川省能够主动融入我国经济发展核心区域，形成具有协同发展特征的产业体系。

（二）建立沿江港口区域的协作联通机制

长江经济带一直是我国经济发展的"领头羊"，在全国经济发展中一直具有明显的带动作用。其中，带动作用的充分体现源于区域资源优势显著，并且在我国国民经济与社会发展道路中，长江经济带始终发挥其资源优势，久而久之逐渐成为我国重要的经济核心区域。

随着时间的推移，我国国民经济与社会发展进入了崭新阶段，新发展理念和新发展格局的全面形成为长江经济带插上了腾飞的翅膀。因此四川省在深化南向开放的道路中，必须将主动融入长江经济带作为重要出发点，并且建立一套完整的沿江港口区域协作联通机制。具体操作应主要包括三部分：一是在枢纽互通方面加大投入力度，二是在江海联通和关键通道的建设方面加大力度，三是加强与重庆港和上海港等港口之间的合作，从而进一步打通四川省水上外运口岸，让四川省内优质产品远销外地，让国内与国际优质资源和市场充分进入四川省省内，助力全面深化区域经济协同发展的产业体系全面建成。

二、主动对接京津冀协同发展

京津冀协同发展是我国全面加快北方经济发展步伐所制定的一项重要战略，战略实施过程明确强调以北京市为中心，以天津市为重要的能量补充，将经济发展的能量辐射至河北省各市，从而形成整体化发展格局。这为四川省区域经济协同发展提供了借鉴，与之主动对接不仅可以从中汲取成功经验，还有利于扩大国内和国际市场。

（一）完善与京津冀地区的合作交流机制

京津冀地区作为我国北方地区经济发展的腹地，所辖区域众多，并且已经呈现出区域经济协同发展之势。这不仅对我国各省区域经济协同发展有着重要的启示作用，还对各省区域产业体系的协同发展有着重要的指导作用。对此，四川省在全面深化南向开放的道路中，与京津冀地区建立合作交流机制，同时不断完善该机制成为健全区域经济协同发展的产业体系的重要环节之一。

笔者认为具体操作应包括两部分：一是从科技、教育、文化、卫生、金融、会展等领域，与京津冀地区建立合作机制，确保四川省从科技创新产业、教育产业、文化产业等多个领域入手，打造出较为完整的产业体系，由此推动全省区域经济实现协同发展；二是从发展新理念和推动区域经济高质量发展的新路子入手，不断将深化南向开放的发展理念和实现道路进行科学调整，以此确保全区域经济协同发展的产业体系健全性不断提升。

（二）优化天府新区和雄安新区的合作机制

从"区域合作"的内涵角度来看，其不仅指向于利他行为，而且是一种相互促进的过程，在相互促进中寻找到发展的平衡点，进而实现区域之间始终保持共赢。就当前我国区域经济发展的现实情况而言，雄安新区作为北方地区重要的经济圈，是国家经济发展顶层战略之所在。各项工作落实都在带动区域经济迈向协同发展，实现区域产业化的又好又快发展。

在新发展理念和新发展格局之下，四川省南向开放的全面深化必须将重点落在与雄安新区之间的高度合作上，而合作的对象还要侧重于与成都天府新区的合作，并将合作机制进行不断优化调整，确保两个经济圈之间能够找到发展的平衡点，共同带动周边区域经济的高质量发展，最终形成较为理想的产业体系。其原因在于天府新区坐落于成渝地区双城经济圈核心位置，是四川经济发展的极核所在，资源优势明显，并向周围形成经济辐射，与雄安新区打造一套优化程度较高的合作机制可进一步增强天府新区经济辐射力量，进而形成更加趋于理想化的区域经济协同发展的产业体系。

三、主动对接粤港澳大湾区建设

粤港澳大湾区的开工建设标志着我国经济进入崭新的发展阶段，经济发展模式更加突出高度的开放性特征。随着时间的推移，粤港澳大湾区已经形成规模，发展也趋于成熟，这为四川深化南向开放指明了方向。四川深化南向开放与粤港澳大湾区建设保持主动对接不仅可以将成功的区域经济协调发展经验加以充分借鉴，更能有效拓展四川省陆海新通道。

（一）力求珠三角区域合作机制的作用最大化

"区域合作机制"作为学术界专有名词，指的就是在合作博弈过程中实现均衡，由此达到协同发展的状态。四川省在深化南向开放的道路中，就是要以高度开放的姿态寻求合作，在合作的过程中实现省内区域经济的协同发展，推进全省经济与社会发展水平的不断提升。

随着时代发展脚步的不断加快，珠三角地区经济一体化发展已经走向成熟，其中有很多成功的经验值得人们学习和借鉴。虽然四川省与珠三角区域经济发展之间已经建立了合作机制，但是在合作机制作用的最大化方面，依然需要进行深入挖掘。在此期间，既要强调彼此之间的公平竞争，相互借鉴提高产业核心竞争力的路径和实施办法，更要以合作的姿态将彼此在推动区域经济发展中所总结的成功经验共享，由此形成两地共赢的发展态势。这可以让四川省和珠三角地区经济发展共同受益，为我国区域经济协同发展的产业体系不断优化提供理想方案。

（二）实现川港和川澳合作会议作用的最大化

粤港澳大湾区是我国重要的经济圈，该经济圈的全面建设与发展更是当下乃至未来我国经济发展的重要举措之一。一些省份以此为契机，与粤港澳大湾区签订了合作协议。四川省在南向开放道路中通过合作会议等方式，与粤港澳大湾区达成一致，建立川港和川澳合作关系。

四川省各经济区与粤港澳大湾区保持密切合作与交流，带动四川省区域经济的协同发展。随着时代发展脚步的不断加快，新发展理念和新发展格局之下的四川省南向开放之路要全面深化，川港和川澳合作的深度要全面加深，力保川港和川澳合作会议作用的最大化。笔者认为具体操作应该主要关注三方面：一是与粤港澳大湾区沿海口岸保持更深层次的联动，二是将陆海联运模式加以深度创新，三是与广安产业园等建立更深层的园区共建、攻关、共享机制，由此确保四川省区域经济协同发展的产业体系更加多样化和合理化。

四、主动对接长三角一体化发展

长三角一体化发展是我国推进国民经济与社会高质量发展所制定的战略，该战略的提出标志着我国经济与社会发展模式发生改变，区域经济协调发展成为新时代国民经济与社会发展的主基调。为此，四川深化南向开放必须与长三角一体化发展模式保持主动对接，确保在充分借鉴区域经济协同发展成功经验的同时，能够推动区域产业彰显自身优势，形成具有高度可持续性的产业体系，为四川省经济高质量发展提供强大的推动力。

（一）主动学习和借鉴长三角一体化发展的经验

孔子在《论语·述而》中提出的"三人行，必有我师焉"向人们揭示了一个非常重要的道理：别人的言谈举止，必定有值得我学习的地方。要学习别人的优点，看到别人的缺点时，要反省自身有没有同样的缺点，如果有，加以改正，最终才能走向成功。四川省在全面深化南向开放的道路中，协同发展的产业体系构建之路不能局限于独自探索，要借鉴其他地区的经验和教训，由此可以避免四川省区域经济协调发展走不必要的弯路。

长三角地区是我国发展成功的经济圈，主动学习和借鉴长三角一体化的经验和教训可助力区域经济协同发展的产业体系趋于健全。除此之外，四川省还要将本省摸索"五区一体化"协同发展所取得的成就与长三角地区分享，从而确保两个经济区域之间保持密切的交流与合作，为全面推动我国区域经济高质量发展和区域产业又好又快发展提供范本。

（二）完善四川省"五区一体化"推进机制

所谓"推进机制"，就是要立足繁重的工作任务，将各项工作事宜有序落到实处，进而将一系列"难啃的硬骨头"逐一攻克，最终达到预期目标的全过程。在四川省深化南向开放道路中，"五区一体化"推进机制就是通过一系列的工作流程和手段，确保四川省下辖的五个重点经济区域保持协同发展的全过程。

其中，推进机制必须以加快区域经济协同发展为根本目标，既要将"抓龙头"作为基本原则，又要将"抓重点、抓进度、实行重点工作项目化管理"作为基本原则，以此确保各项工作事宜能够切实开展。除此之外，在推进机制运行过程中，要把"为什么"和"怎么办"贯穿各项工作活动之中，让领导带头、以上率下、强化过程控制成为"五区"产业发展的常态。特别是在重点任务和主要指标的落实过程中，必须通过倒排工期和挂图作战的方式来进行，由此确保四川省五个经济发展区域之间能够形成产业协同发展，带动全省经济和社会发展水平的整体性提升。

第二节　新发展格局下持续加强四川深化南向开放的人才资源建设

人才资源建设是推动国民经济和社会发展的决定性因素之一，所以四川省在深入探索经济与社会高质量发展的道路中，要将人才资源建设作为重中之重，深化南向开放之路也是如此，要将人才资源建设作为工作重点之一。笔者先通过图6-2将四川深化南向开放道路中人才资源建设的工作重点加以明确，并在本节内容中将各个工作重点详细说明。

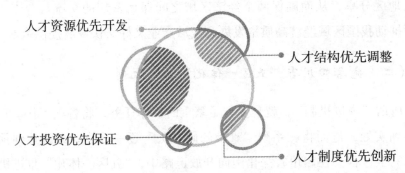

人才资源优先开发

人才结构优先调整

人才投资优先保证

人才制度优先创新

图6-2　四川深化南向开放人才资源建设的工作重点

如图6-2所示，在四川省深化南向开放的道路中，引进和利用国内外优质资源和优质市场虽然在推动四川省区域经济协调发展，并实现全省经济高质量发展中有着至关重要的作用，但如何引进和利用国内外优质资源和优质市场则是必须重点考虑的问题，充足的人才资源可以将这些问题有效化解。确保人才资源的充足性就必须将上述举措加以深化落实，笔者在本节的内容中，就针对持续加强四川深化南向开放的人才资源建设工作重点加以明确解读，具体如下。

一、人才资源优先开发

人才是决定产业发展水平的基本条件之一，在全面推动区域经济高质量发展的道路中，必须将人才资源建设作为一项重点工程，在国民经济与社会发展新发展理念与新发展格局下，四川深化南向开放也要将人才资源建设视为重中之重。在此期间，人才资源的开发要放在第一位，具体操作笔者认为应包括以下两方面。

（一）有关区域产业协同发展的人才项目优先扶持

就四川省全面深化南向开放道路，实现区域经济协同发展目标而言，人才资源建设要作为重要的着力点，其原因在于确保人才资源高度充分，人才质量水平达到最优化是全面实现区域产业发展高度协同的动力之源。

在实践过程中，重点应放在三方面：一是确立有关区域产业协同发展人才引进和协同培养项目"一事一议"的制度，二是明确"双创之星"评选办法，三是建立"一企一策"的人才培养方式。这三方面集中指向于高层次人才培养的实施要求，更加突出"区域产业协同发展人才培养项目无小事"的宗旨，确保产业人才培养更加具有时代性、针对性、系统性、前瞻性的特征，并且在人才培养模式的构建力度上达到空前，以此为区域产业协同发展打造出理想的平台，始终赋予四川省区域经济发展不竭的动力。

（二）有利于招才引智的平台优先构建

就当前四川省南向开放落实的总体成效而言，虽然四川省在区域产业发展方面已经取得了丰硕成果，人才资源建设的程度较高，但是在人才培养的运行模式上依然有较大的改进空间，这也是四川省深化南向开放，充分满足新发展理念和新发展格局为四川省区域经济发展所提新要求的重要突破口。其间，主要关注的视角应该体现在"项目＋人才"和

"产业 + 人才"两种人才培养模式上。

在此期间，四川省人力资源管理部门要强调开放型经济体制综合试点的建设，大力搭建专家智库，鼓励省内、省外、国际知名高校，以及专家团队、科研院所进驻其中，以柔性政策为先导将国内外优秀的人才培养资源高度汇聚，并且通过高层次人才"引进来"和"走出去"两种方式，定期召开产业博览会、专家讲坛、工程师答疑解惑等活动，以此为持续加强四川深化南向开放人才资源建设提供理想的契机，为四川省区域经济协同发展不断注入新鲜血液。

二、人才结构优先调整

人才结构的合理性关乎经济高质量发展整体效果，也就是说高水平人才结构的全面深化能够为经济高质量发展提供至关重要的推动作用。因此，在四川深化南向开放的道路中，要持续加大人才资源建设的力度就要高度重视人才结构的科学调整，确保充足的高水平人才结构能够充分支撑四川省区域经济协同发展，并对四川省整体经济高质量发展提供至关重要的推动作用。

（一）第一产业要注重"职业农民"的全面培养

自古以来我国就是农业大国，农业是第一产业，也是我国的支柱产业，农业经济又好又快发展不仅是国民经济与社会发展的根本要求，更是中华民族的生命线所在。

随着中国特色社会主义新时代的全面开启，将我国建设成为中国特色社会主义现代化强国已经成为一项新的历史任务，农业的产业化发展道路也要体现出现代化特征。"职业农民"的概念就此形成，并且成为加快我国农业产业化发展进程的核心力量。四川省在全面深化南向开放的道路中，持续加强人才资源建设就要强调对"职业农民"的全面培养。在此期间，四川省关注的重点在于各农业类高校和职业技术院校之间要保持强强合作，与国内外知名院校、科研团体建立合作关系，强化新生产技术、生产理念、生产模式的深度渗透，并将理论转化为实践能力。除此之外，四川省还要强调在全省范围内组织农民培训，力求全面提高新时代农民的职业品质，促使全省农业经济始终保持高度的区域协同发展。

（二）第二和第三产业要注重创新型高水平人才结构的完善

第二产业泛指生产制造业，工业、手工业、化工业等都属于第二产业，其也是落后产能和过剩产能较为集中的产业。四川省是我国老工业区之一，第二产业是全省支柱性产业。

随着时代发展步伐的不断加快，落后产能和剩余产能"堆积"的情况较为严重，因而"去产能"就成为四川省深化南向开放的一项重要工作，也是四川省全面推动区域产业深化发展所关注的焦点。

与此同时，第三产业随着时代的发展全面兴起，特别是现代服务业领域发展较快，所以全面推动第三产业发展也成为四川省深化南向开放的重要着力点。

在此期间，四川省必须强调创新型高水平人才结构的不断完善，以此确保第二和第三产业之间保持联动，助推区域产业经济协同发展。必须强调对产业发展领军人才、科技带头人才、高质量管理人才和优秀储备人才的全面培养，形成较为理想的人才结构，才能更好地服务四川深化南向开放，促进区域经济协同发展，全面实现四川省整体经济高质量发展的最终目标。

三、人才投资优先保证

人才结构的优化调整和全面培养是一项伟大工程，同时也是一项系统工程，需要政府主管部门不断加大投入力度，不断予以高度关注方可达到预期目标。为此，在四川省深化南向开放的道路中，人才资源建设必须做到在各个方面加大投资力度，由此方可为四川省整体经济高质量发展提供基础支撑条件。

（一）加大各级教育培训的力度

就四川省深化南向开放推动区域经济协同发展的各项举措深化落实而言，其关键在于要有专门人才有针对性地从事实践活动，也就是说人才建设最终要落实到各项战略举措的实施过程之中，由此方可确保各项措施能够得到深化落实，从而将区域经济高度协同发展、开创四川省高度开放的经济与社会发展局面转化为现实。

在人才资源建设道路中，加大人才投资力度要将加大各级教育培训的投入力度放在第一位。该项措施不仅可以增加人力资本的知识存量，更能让人力资本构成中的职业教育程度充分体现，更加清楚地判断出四川省在未来某一特定时间范围内人力资本存量，从而在第一时间进行各级教育培训投入力度的调整，确保人力资源培养始终能满足四川省开放型经济发展的切实需求，推动四川省内各区域产业经济始终保持高度协同发展的状态。

（二）加强职业技术培训

技术培训是全面提升人才实操能力的重要路径，随着四川省南向开放工作的不断深化，各产业之间利用区位优势将经济效益实现最大化必须具备职业知识、职业技能、职业技巧全面的人才，由此方可确保各产业发展始终拥有强劲的动力，所以全面加强职业技术培训是四川省深化南向开放道路中人才资源建设优先保证人才投资的重要举措之一。

在这里，笔者认为重点应落在两方面：一是在国内与国际合作开展职业技术培训活动方面加大投入力度，让更多优秀职业技术培训人才能够进入四川南向开放道路中，为区域经济协同发展贡献自己的智慧与技术；二是加大城镇和乡村职业技术培训活动的投入力度，确保在校大学生、企业工人、乡镇农民能够掌握更多先进技术，同时树立与时俱进的观念，从而保证在深度挖掘自身社会价值的过程中，助力区域产业不断加快发展步伐，实现自身社会价值向社会经济价值的充分转化。

四、人才制度优先创新

制度是各项工作高效率运行的重要保障条件，建立人才制度成为保证人才资源建设整体质量的关键条件。在四川深化南向开放的道路中，不断优化和创新人才制度就成为一项重要的工作内容。笔者认为具体操作应着重关注以下两方面。

（一）人才战略与目标高度明确

人才战略是全面加快区域经济建设与发展，推动产业化进程的战略。四川省面对当今时代经济发展新发展理念和新发展格局，通过深化南向开放全面推动产业化协同发展，目的就是要加快产业化发展进程，所以人才战略必须高度明确。人才战略目标必须高度明确，其原因在于必须明确需要怎样的人才方可确保人才有效服务于区域经济发展，反之只能疏于形式，很难为产业化发展发挥实效性作用。

针对于此，笔者认为必须先确定四川省社会经济发展的基本特点，同时明确四川省经济发展的实际需求，由此确定职业农民、创新创业型人才、技术创新型人才培养为人才战略核心。战略目标主要体现对高端适用人才的全面培养，以此力保四川省产业人才培养之路能加快区域产业化发展进程，为打造四川省高度开放的社会经济发展环境提供充足的高质量人才。

（二）人才管理制度以市场为导向

吸纳人才和培养人才是人才建设的两条重要路径，而如何确保人才吸纳和培养的效果关键在于管理工作能否高质量开展。针对四川省深化南向开放道路而言，人才建设要将吸纳人才和培养人才作为两项重要工作，有效进行人才管理更是工作的重中之重。在这里，笔者认为侧重点应该体现在两方面：一是人力资源管理机制和管理制度必须保持高度创新，二是以市场为导向进行人力资源管理。

针对前者，管理机制要有牵引机制、激励机制、约束机制和竞争淘汰机制作为重要支撑，确保人才吸纳后能够进行有效的自我规范，使人才始终保持奋斗热情。在管理制度方面，将人性化管理视为制度制定的根本理念，充分考虑人才服务区域产业化发展中会遇到的困难和实际情况，保障管理制度促进人才得到全面发展。针对后者，要以市场作为人力资源引进和培养的重要导向，以此来保障所引进和培养的高质量人才更好地融入区域产业建设与发展之中，有效服务于四川省经济和社会的高质量发展。

第三节　新发展格局下以供给侧改革为导向建设创新型产业链

形成创新型产业链是国民经济与社会发展的重要驱动力，而供给侧改革是重要抓手所在。四川省在全面深化南向开放道路中，要将建设创新型产业链作为一项重要任务，全面加快供给侧改革的步伐是有力推手。笔者先通过图 6-3，清晰呈现以供给侧改革为导向建设创新型产业链的工作重点，明确本节内容的主体思路。

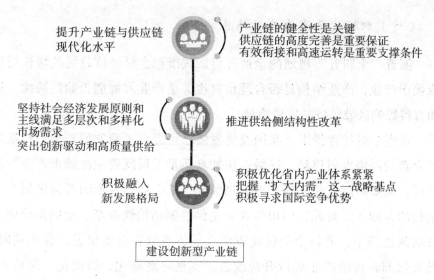

提升产业链与供应链现代化水平

产业链的健全性是关键
供应链的高度完善是重要保证
有效衔接和高速运转是重要支撑条件

坚持社会经济发展原则和主线满足多层次和多样化市场需求
突出创新驱动和高质量供给

推进供给侧结构性改革

积极融入新发展格局

积极优化省内产业体系紧凑
把握"扩大内需"这一战略基点
积极寻求国际竞争优势

建设创新型产业链

图6-3　以供给侧改革为导向建设创新型产业链的工作重点

如图6-3所示，在四川深化南向开放道路中，供给侧改革在优化区域产业结构，全面释放优势产能中发挥的作用显著，所以全面深化南向开放要以供给侧改革所提出的具体要求为基础，在强化上图中各项工作内容的同时，还要注重细节不断细化，由此方可确保创新型产业链的全面形成，助力全省经济实现高质量发展。上述工作重点在实践中得到全面落实却实非易事，需要进行深入解读，因此笔者在本节内容之中，就将以供给侧改革为导向建设创新型产业链的工作重点进行阐述。

一、积极融入新发展格局

供给侧改革作为当今时代背景下我国全面提高国民经济与社会发展水平的一项重要举措，也是国民经济与社会发展新发展理念和新发展格局全面形成的重要基石。其中的战略意义和时代意义较为突出，不仅为区域经济协同发展指明了方向，更为区域经济实现高质量发展提供了重要保障作用。在四川深化南向开放道路中，切实建设出创新型产业链要以供给侧改革为导向，积极融入新发展格局则是首要环节。

（一）积极优化省内产业体系

随着"十四五"规划的全面开启，城市和乡村经济总量的增长更加依赖于产业，产业结构是否合理也直接关乎产业发展能否始终持续，进而直接影响区域经济的发展质量。

在当今时代背景下，我国经济发展已经提出了新发展理念，打造出了全新的经济发展格局，区域经济的高质量发展既要关注城市产业发展状况，又要高度重视乡村产业发展情况，从全局出发不断考量区域产业结构的合理性。对此，四川省在立足供给侧结构性改革、全面深化南向开放的道路中，要将全面优化省内产业体系放在首要位置。在此期间，既要强调将传统产业进行升级改造，实现向高端化、智能化、绿色化、服务化方向转变，还要确保对新兴产业的全面扶植，加大新技术、新业态、新模式的推广运用力度，要强调产业内部始终保持科技创新，实现以科技带动优势产能的不断迸发，充分适应新发展理念和新发展格局下区域经济与社会发展所提出的新要求。

（二）紧紧把握"扩大内需"这一战略基点

"扩大内需"作为经济学领域的专有名词，其含义就是扩大经济体内部需求。众所周知，中国作为世界第二大经济体，内部需求较大，充分挖掘内部需求可以保证国民经济与社会发展处于平稳状态，这样国际市场所存在的竞争压力就不会直接影响中国社会经济的整体发展进程。

四川省在全面深化南向开放的道路中，有效依托供给侧结构性改革实现区域经济增长幅度的最大化就以此为基本立足点，强调以国内大循环为主体，打造国内国际双循环的经济发展之路。在此期间，满足国际市场的需求是当代乃至未来中国经济发展的重要辅助，而主体依然是满足国内巨大的市场需求，以此为依托不断进行产能升级和优化，让更多高品质的产品与服务进入国内和国际各个地区，建立一套完整的国内和国际创新链、产业链、供应链，同时确保四川省经济发展的可持续性和高质量。

（三）积极寻求国际竞争优势

在上文中，笔者明确指出四川省在立足供给侧结构性改革、深化南向开放的道路中，以国内大循环为主体，强调不断扩大国内市场需求，以求保证四川省区域经济发展道路的可持续性，以此来提高区域产业化发展的稳定性。这并非四川省深化南向开放的唯一道路，还要将积极拓展海外市场放在重要位置，产业化发展要将积极主动寻求国际竞争优势作为又一重点关注对象。

其间，要充分发挥四川省在我国西南地区交通枢纽的优势，借助陆海新通道与南亚和东南亚各国之间保持紧密交流和互动，借助国际航空优势与欧洲和西亚各国之间建立密切联系，探明国际市场总体需求，结合四川省固有的资源优势大力发展特色优势产业，从而带动四川省各区域产业始终保持又好又快发展状态。同时四川省内各区域之间的产业能够形成协同发展之势，从而较大程度提高四川省经济发展的开放性，形成全面、立体、高度开放的产业发展格局。

二、推进供给侧结构性改革

各项工作的全面开展要有思想和理念作为指导，同时要有坚定不移的态度深入贯彻和落实作为重要支撑，进而方可确保各项工作扎实稳健开展。四川省在深化南向开放的道路中，以供给侧改革为导向建设产业链不仅要做到深度融入新发展格局，更重要的是坚决贯彻新发展理念，由此才能保证供给侧改革切实有效优化四川各产业的产能，推动区域经济协同发展，实现全省经济高质量发展的最终目标。

（一）坚持社会经济发展原则和主线

新发展理念和新发展格局的内涵强调发展的过程要高度开放，以多方合作的形式保持区域经济发展的高度协同，推动社会经济始终处于高质量和又好又快发展状态。在新发展理念和新发展格局之下，四川省产业化发展进程必须从供给侧结构性改革入手，全面加快产业优化进程，从而确保资源和市场达到最大化，同时让优势产能成为加速四川省经济发展的核心力量，这也是四川省深化南向开放所必须关注的焦点。

在此期间，社会经济发展的主要原则包括三方面：一是高度开放原则，二是以人民为中心原则，三是坚持系统观念原则。确保各项产业结构调整始终以满足人民物质和精神生活需求为目标，确保区域经济与社会发展始终处于理想的状态。社会经济发展的主线是供给侧结构性改革的不断深化，始终确保优势产能不断激发，落后和过剩产能得到最大程度削减，力保四川省区域经济发展之路既能呈现出区域优势特征，又能展现优势互补局面。

（二）满足多层次和多样化市场需求

产品和服务是产业发展道路中，确保产业可持续性发展的关键性条件。伴随时代发展脚步的不断加快，当今乃至未来社会在产品和服务的需求方面存在明显的多样性特征。如何确保产品和服务尽可能满足大众需要就成为产业发展道路上必须深入思考的问题。以保证产品和服务的质量为出发点，针对产业链和供应链的节点要素进行深度优化，确保以先进生产理念、生产技术、生产材料、生产工艺为核心的企业和团体成为产业发展的主力军，剔除技术落后、产品设计理念滞后、产品服务观念传统的生产性企业，可以确保产业内部所具备的优势产能充分释放，进而全面提升产品质量和服务质量，以此来满足当今社会多层次和多样化的市场需求，确保产业经济的效益达到最大化。四川省在全面深化南向开放的道路中，要强调对优质资源和先进技术生产条件的引进与研发，这样可以推动四川省产业发展实现供给侧结构性深度优化，力求产业化发展拥有理想的可持续性条件。

（三）突出创新驱动和高质量供给

区域产业化发展的动力是否强劲，关键在于创新驱动力和高质量供给能力是否强大，而这两方面条件要经过深入挖掘才能最终获得。激活创新驱动力和高质量供给就成为产业化发展道路上重要的一项工程。四川省在深化南向开放道路中，推动区域产业协同发展便是如此。

在此期间，具体操作应包括三方面：一是性能好和款式新颖的产品应作为全面提升产业链附加值的重要抓手，二是特色化的服务应作为产业为市场提供高品质供给的重要出发点，三是品牌化服务应视为全面提升市场满意度，全面拓展目标市场的重要突破口。在上述操作的具体落实过程中，要强调国内外优势资源的强势引进，并且要通过双边或多边合作的方式，不断进行产品设计理念、研发视角、生产流程的创新，保证绿色、清洁、环保能源和材料的高效运用，进而保证产品本身优势和特色，同时提高产业链附加值。这不仅为现代产业体系的形成奠定了坚实基础，更为供给侧结构性改革提供了智慧方案，由此确保四川省深化南向开放进一步加快区域产业化协同发展。

三、提升产业链与供应链现代化水平

产业链与供应链的健全性和现代化是全面提高产业化发展水平的关键因素，也是确保产业结构最大限度释放优势产能的重要条件。因此，在四川深化南向开放的道路中，确保以供给侧改革为重要依托，实现创新型产业链的全面建设就要提升产业链与供应链的现代化水平，由此为四川省区域经济协同发展、经济高质量发展提供保证。在此期间，笔者认为必须将以下三方面加以高度重视。

（一）产业链的健全性是关键

产业链是否健全直接影响区域产业发展是否能够保持长远。产业链主要由价值链、企业链、供需链和空间链四个维度概念组成，在产业化发展道路中缺一不可。

四川省在深入贯彻经济发展新发展理念，构建四川省经济发展新发展格局过程中，通过供给侧结构性改革深化南向开放就必须将全面提升产业链的健全性放在重要位置。其中，既要保证产业层次的充分表达，又要做到产业关联程度、资源加工深度、满足需求程度的充分表达，从而实现上下游关系和相互价值的交换，让生产制造环节的材料供应环节、终端产品制造的各生产部门、产品营销的各个环节形成完整的链条，客观反映出企业之间供给与需求的关系。这是确保产业化发展过程健康有序运行的必然条件，也是全面增强产业发展动力和区域经济发展活力的前提要素。在该链条的正常运行之下，四川省区域经济的系统发展效果也会更加趋于理想化。

（二）供应链的高度完善是重要保证

供应链是指产品在生产和流通过程中，确保原材料充足并且能够将生产出的产品供应至经销商的渠道总称，该链条在产业发展道路中至关重要。四川省在深化南向开放道路中，有效进行供给侧结构性改革，全面强化产业的供应链，实现产业经济效益最大化必须将该链条的不断完善放在重要位置。

其间，确保产业供应链的高度完善应从两方面着手：一是通过大量的优化方案找出整体完善的思路和路径，二是通过大量类似方案的整理与分析找出局部完善的方案和路径。这两方面各具优势，能够通过决策变量、目标函数、约束条件，找到何时、何地，从何供应商处订购原材料，何时生产，何时把产品交给客户和交多少，以及在怎样的条件下供应链成本最低、生命周期最短，客户服务质量最高、延误最短、产量最大、满足所有客户需求等。这是产业供应链全面提升现代化水平的重要象征。

（三）有效衔接和高速运转是重要支撑条件

产业链与供应链是区域产业化发展两条不可缺少的链条，二者并不是独立存在的，而是相互衔接的。任何一条链条不能保持无缝衔接，就会导致产业发展很难有序运转，进而导致上游企业与下游企业之间的断条，产品生产的供应商和产品经销商之间相脱离，产品很难在市场中得到高度认可。

四川省在深化南向开放的道路中，开放的最终目的就是要让更为优质的产品在国内外得到高度认可，并且实现生产技术和营销体系的不断优化，满足国内外市场在产品与品牌上的需要。这也意味着四川省在不断深化南向开放的道路中，既要确保产业链的健全性，又要保证供应链的高度完整性，更要做到彼此之间形成有效衔接，实现高速运转，进而方可确保产业发展之路无论是在资源优化方面，还是在产品生产和市场供应方面达到最佳状态，最终建立起现代化水平较高的产业链与供应链，不断加快四川省产业化发展进程。

第七章　新发展格局下四川深化南向开放的作用及举措

　　进入中国特色社会主义新时代，将我国全面建设成为中国特色社会主义现代化强国是中国共产党和全国人民新的历史任务，而实现区域经济高质量发展则是关键中的关键。基于此，四川省开启深化南向开放的新征程。在此期间，要有高度可行的举措作为重要支撑，由此方可确保四川深化南向开放实现全省经济高质量发展，并最终为全面建设中国特色社会主义现代化强国提供强大的推动力。对此，笔者在全面开展四川深化南向开放的作用及举措的论述之前，先通过图7-1，将作用体现和重要举措以直观的形式呈现，表明笔者在本章内容中的探究思路，具体如下。

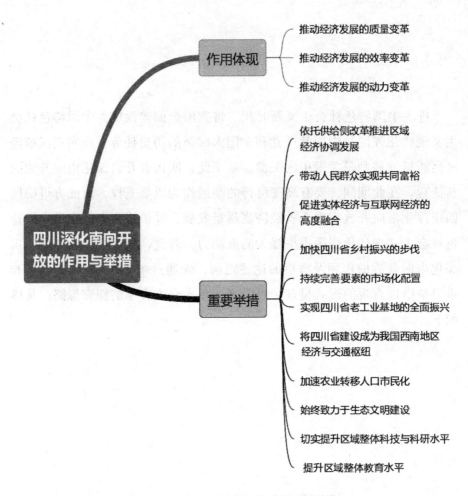

图 7-1　四川深化南向开放的作用与举措

如图 7-1 所示，面对当今国民经济与社会发展新发展理念与新发展格局，四川省全面深化南向开放的作用显著，但是真正转化为现实实非易事，系统性较强，必须着眼于多个角度，并制定出系统性的相关举措方可达到预期目标。在本章内容中，笔者先将四川深化南向开放的具体作用全面呈现，之后将具实操性的举措逐一进行论述，具体如下。

第一节 四川深化南向开放推动经济发展质量变革、效率变革、动力变革

四川省南向开放之路成果辉煌，但在新时代国民经济与社会发展新发展理念和新发展格局之下，依然需要将南向开放之路加以进一步深化，由此确保四川省经济发展道路能够形成质量变革、效率变革、动力变革，成就四川省区域经济协同发展，同时实现区域经济的高质量发展。笔者在本节内容中就立足上述三方面，将四川省深化南向开放的作用明确阐述。

一、四川深化南向开放推动经济发展质量变革

质量变革是高质量发展的直观体现，在新发展理念与新发展格局之下，国民经济与社会步入高质量发展新阶段则需要有质量变革伴随其中。四川深化南向开放的目的就是要推动四川省经济实现高质量发展，因此推动经济发展质量变革就成为四川深化南向开放具备的作用之一，具体体现如下。

（一）深化南向开放是四川全面立体开放的战略组成

南向开放最终的目的就是要打通最近的出海口，在打通的过程中需要南向省、自治区、直辖市之间保持全面合作，最终实现内陆地区与东亚、东南亚、环印度洋和太平洋国家之间的深度合作。

四川省作为南向开放省份之一，经过几年的努力产业化发展之路已经取得超出预期的成果。随着新经济时代的到来，新发展格局的全面形成为四川省南向开放之路提出了新的要求，深层次的合作成为重中之重，全面立体的开放就成为深化南向开放必须高度关注的焦点。在此期间，必须强调供应链与产业链之间的相互关联，用物流串联起供应链和产业链，形成稳定的供需关系，进而实现拓展国内市场和国际市场，在加快产业化发展进程的同时，推动四川省经济的高质量发展。这也是四川省

全面立体开放的直观体现，更是经济发展新发展格局下四川省经济实现高质量发展的一项重要战略。

（二）深化南向开放是四川突破"盆地思维"的重要保证

先进生产力是全面加快经济发展步伐的重要"法宝"，但先进生产力的形成过程往往需要相互对接，加大开放合作力度则是必不可少的重要环节。南向开放作为加强西部地区开放合作的重要平台，四川省作为我国西南地区重要的经济、文化、科技、教育中心，不断深化南向开放之路是不断催生先进生产力的重要举措。从四川省的地理位置角度出发，四川盆地孕育着四川当地特色文化和丰富的自然资源，让这片广袤的大地人杰地灵，但不可否认的是四川盆地也是隔绝当地与外界之间联系的自然屏障，四川省如若不能主动寻求全面的开放合作机会，会形成"盆地思维"。

南向开放作为四川省全面加强立体开放的重要举措，经过几年的实行在四川经济发展中的成果显著。但随着时代发展进程的不断加快，固有的开放合作模式需要进一步升级，深化南向开放成为四川省进一步突破"盆地思维"的必选之路。其中，深化与云南、广东、广西、海南的产业合作，确保成渝地区双城经济圈能与粤港澳大湾区和北部湾经济区紧密联系起来，确保与南亚、东南亚、印度洋和大西洋周边国家紧密联系在一起，确保全面立体开放合作过程中能够形成更多先进生产力的对接，最终彻底突破甚至颠覆"盆地思维"，从而推动四川形成经济发展质量变革。

二、四川深化南向开放推动经济发展效率变革

效率变革是全面加快发展速度，实现又好又快发展的关键条件。面对当今时代国民经济与社会发展新发展理念和新发展格局，全面加快经济发展效率变革的步伐成为一项至关重要的任务，这也是四川深化南向开放在加快全省经济高质量发展步伐中的具体作用所在。其作用体现主要包括下述两方面。

（一）产业链、价值链、供应链的深度融合

早在 2015 年，国务院已经下发《中国制造 2025》行动纲领，明确指出中国经济的未来发展之路就是产业链、价值链、供应链高度融合道路，所呈现出的最终局面就是全球经济一体化。在此期间，国际贸易往来更加频繁，外贸模式的转型升级也会随之出现，南向开放新发展格局在这一背景下逐渐形成。

四川省通过深化落实，牢牢把握本省的优势与特色，将产业不断做大做强，进而形成外向型特色产业，让产业链、价值链、供应链深度融入进来，全面增强本省经济发展可持续性，还助推全球经济的稳定发展。在此期间，四川围绕其特有的茶叶、竹林、水果、中药材等优势资源，通过国际贸易交流与合作的方式大力发展具有生态性和特色性第一产业，更强调特色产品的出口。以此为基础，四川加大农业技术的研发力度，让更多新材料、新装备、新能源能够进入第一产业，并推动装备制造业和商品服务业的发展，进而形成更多战略性新兴产业，使产业链形成有效延伸，价值链和供应链得以有效提升与优化，从而全面提高四川省在国内与国际经济中的影响力。

（二）国际产能合作的全面加强

地区发展的可持续性通常会受到诸多因素影响，既包括所辖区域内的因素，又包括所辖区域以外的诸多因素。国际经济发展的大环境就是影响地区可持续发展的关键因素之一。就当前我国经济发展的总体趋势来看，"又好又快"四个字是生动和形象的表达。在满足国内市场整体需求的同时，与全世界积极开展贸易往来，实现经贸的双边化和多边化，由此国内经济形成了高度开放的新发展格局，南向开放通道正是当前我国经济又好又快发展的必然产物。

四川省地处我国内陆地区，也是我国西南地区经济、文化、科技、

教育的汇聚地,在全国经济又好又快发展大形势下,高度落实并不断深化南向开放就成为四川省经济发展工作的重中之重。在此期间,四川省借助陆海新通道积极支持有条件的东南亚地区国家深度开发和利用本土资源,并且加大对其基础设施建设的投入力度,从而为四川省企业拓展海外发展空间,让冶金建材、装备制造、医药化工领域的优势企业纷纷在国外投资办厂,将配套产品和成套设备出口,在形成品牌效应的同时,还带动国际经济进入高速发展阶段,从而充分释放国际产能,满足国际市场发展所提出的新要求。

三、四川深化南向开放推动经济发展动力变革

动力变革是将发展动力进行全面优化,确保新生动力相继出现,让固有的发展动力实现最大化,以此推动发展进程不断加快。就当今时代国民经济与社会发展新发展理念与新发展格局而言,实现高质量发展要有充足的动力条件和强劲的动力支撑。四川深化南向开放之路是在这一时代背景之下产生的。

(一)补齐短板,加速四川经济转型

从南向开放的实质出发,就是要通过陆海新通道加大区域间的合作力度,让区域经济辐射范围更广,并能保持高度的可持续性。其中不仅包括国内各区域之间的紧密合作和交流,还包括国内市场与国际市场的紧密合作和交流,由此方可确保区域经济发展的可持续性和高质量。四川省在南向开放道路中,不仅在全国范围内进行第一产业、第二产业、第三产业广泛合作,还在国际市场中积极寻求合作与交流的机会,上文中所呈现出的经济总量能够充分说明所取得的骄人成绩。

但是,时代发展是动态化的过程,成绩只能说明过去所取得的成功,值得引起关注的是经验和教训,面对未来的发展依然要总结经验和教训、审视当下实际情况、有效进行前瞻性预判,才能最终获得加快四川省南

向开放步伐的最佳方案。通过经验教训的总结和产业经济发展的现实情况，不难发现在南向开放道路中的现代服务业市场需求较大，而这也正是四川省区域经济发展道路中产业发展的"短板"所在，补齐该短板会确保国内和国际市场关于现代服务业的迫切需求得到满足。这不仅加深四川省南向开放的深度，更加速四川省经济转型。

（二）强化创新，助推四川工业转型升级

南向开放最终目的就是要不断探索出新的经济增长点以保证经济发展的可持续性。四川省在深化南向开放的道路中，将开发创新层面的驱动力视为重中之重，通过创新来助力产业转型升级。其间，四川省通过技术创新达到优化传统产能的目的，提升产业的核心竞争优势。四川省作为我国重要的老工业基地之一，在制造业领域强调向智能制造转型，通过将传感器、工业软件、工业互联网等技术在智能装备中的有效应用，推动全省制造业提质增效。

另外，四川省还大力扶植智能化改造的生产企业，确保制造业优势产能的全面提升。在全省范围内更是加大新兴产业的投入力度，组织骨干力量不断进行技术攻关，让新材料、智能装备制造、大健康等新兴产业能够拥有过硬的核心技术。这一过程需要国内和国际保持通力合作和紧密交流，用双边或多边贸易活动搭建起技术交流与合作的平台，不断形成技术层面的创新，进而助推四川省工业转型升级。

第二节　四川深化南向开放以供给侧改革为着力点推进区域经济协调发展

四川省在当今时代国民经济与社会发展新发展格局之下，深化南向开放之路必须将进一步加快区域经济协调发展作为一项重要任务，由此确保区域经济发展始终处于高度协同的状态，成就全省经济的高质量发

展。对此，笔者认为以供给侧改革为着力点会收获最佳的效果。本节笔者就以此为依托对供给侧改革推进区域经济协调发展加以明确阐述。

一、"去产能"作为四川供给侧改革的基本前提

"去产能"作为全面提高经济发展整体质量的重要举措，也是充分挖掘区域经济发展优势必经之路。在四川深化南向开放道路中，立足供给侧改革推进区域经济协调发展就要将"去产能"作为基本的前提条件。在此期间，笔者认为有效的做法包括以下三方面。

（一）专项资金支持作为前提中的前提

供给侧改革的实质就是要将经济结构进行有效调整，从而实现产业健康发展。在此期间，生产要素的合理配置和产业结构的科学调整是两个关键环节，做到科学合理去除落后产能和过剩产能，确保经济增长的数量和质量得到全面提升，区域经济也会在供给侧改革过程中实现协调发展。

在新发展格局下的四川深化南向开发道路中，经济结构达到最优化是根本要求所在，进行供给侧改革，对生产要素和产业结构进行科学调整是至关重要的环节，其间每一项工作的顺利进行都需要强有力的专项资金作为保证，这也正是"去产能"的根本条件。在此期间，四川省政府要先结合区域经济发展的现实情况、总体态势、未来发展要求，明确生产要素配置和产业结构调整的基本原则，之后针对"去产能"的"工程量"划拨专项资金，并确保其充足性，从而为四川省区域经济协调发展提供有力也是根本的前提条件。

（二）落后和过剩产能企业的科学评估

落后产能是指技术层面低于行业发展平均水平的设备和工艺的生产能力，落后产能越高必然导致产品质量下降，最终影响产业发展和经济提升速度。过剩产能是指成本最低产量与长期均衡之间的差距，也就是

最低成本产量与实际产量之间的差距。过剩产能意味着产品生产能力大于市场实际需求，过剩产能越高则会造成资源浪费情况越严重。

针对于此，四川在新发展格局下深化南向开放的道路中，必须结合时代发展大环境和区域市场需求的实际情况，针对各产业的落后产能和过剩产能进行客观评估，实现用供给侧改革的有力措施优化区域产业结构，助推区域经济协调发展。在此期间，具体操作包括三方面：一是立足当前时代背景对产业发展所提出的新要求，明确装备大型化、生产智能化、产业高端化、节能环保化四个新要求；二是根据区域产业现实发展状况，衡量企业生产设备、生产工艺、产品社会需求情况；三是以上述两项结果为重要依据，科学评估落后和过剩产能实际情况，确定各区域产能优化的大方向。

（三）合理安排产能置换项目

落后和过剩产能企业的存在与当今时代发展大环境不相符，在全面建设社会主义现代化强国道路中，"创新""协调""绿色""开放""共享"是时代发展的永恒主题，新发展格局正是在这一时代发展大环境下形成的。所以，四川省在深化南向发展的重要举措中，必须强调供给侧改革所发挥的作用，通过"去产能"确保四川省产业结构高度科学合理，为区域经济协调发展提供有力的保障。

笔者在上文中明确"去产能"的两个基础性环节，将其转化为现实的同时要着手合理安排产能置换项目，以求区域经济始终保持健康的发展状态，最终达到先进产能最大化的目标，全面推动区域经济协调发展。其间，四川省要将生产设备落后、生产工艺烦琐、生产材料浪费严重的项目进行改造，并且与其他企业之间进行重组，确保在区域产业结构转型升级的同时，全面提升产业核心竞争力和可持续发展能力，成为切实推进区域经济协调发展的有力抓手。

二、"一提一创一培"作为四川供给侧改革的主要侧重点

从经济发展必须具备的基本要素出发，提高质量、打造品牌、培育新动能和新动力是必不可少的三要素，也是实现经济高质量发展的必备条件，是供给侧改革的侧重点所在。四川在全面深化南向开放的道路中，以供给侧改革为着力点切实推进区域经济协调发展要将"一提一创一培"落到实处，具体操作如下。

（一）提质量

提质量是供给侧改革的一项重要措施，也是全面推动区域经济协调发展的重要举措，是切实削减落后产能和过剩产能，全面提高产业发展可持续性和高效性的理想路径。四川省在深化南向开放道路中，依托供给侧改革实现区域产业发展提质增效，经济发展有效增加数量要将"提质"放在第一位。具体操作在于以下两方面。

1.建立产业发展质量监控长效机制

产业发展质量监控机制是有效落实产业质量管理工作的核心部分，也是全面提高产业发展质量的关键环节。产业内部要建立质量监控机构，即产业发展工作委员会、产业发展督导小组、产业发展质量评估小组，针对产业发展的全过程实施管理和监督。还要建立科学的责任制度，并且将实时监督和阶段评价作为质量监控的基本原则，明确产业发展质量监控的范围和具体内容，以此确保产业健康和可持续发展。

2.大力实施"以质取胜"战略

面对经济发展新发展格局的到来，区域产业经济发展也要将"以质取胜"作为一项基本战略，以求产业发展之路能够满足时代经济发展大环境不断提出的新要求。战略实施的具体过程由两部分构成：第一，全面提高出口产品的国际竞争力；第二，依托政策取向转变产业经济增长方式。前者更加强调生产材料、生产设备、生产工艺的全面提升，后者

则更加注重产业发展理念的根本性转变，将两者转化为现实需要国内和国际优质资源的不断引进，形成区域产业发展与国内和国际市场的密切合作，区域经济协调发展才会实现。

（二）创品牌

1. 创造消费市场普遍感知的产品附加值

"品牌"作为具有经济价值的无形资产，其质量的高低可以充分反映出产业无形资产是否雄厚，直接关乎产业未来发展之路。而这一具有经济价值的无形资产通常来自消费市场的高度肯定，所以创造消费市场普遍感知的产品附加值往往是品牌创造之路的首要环节。针对四川省有效利用供给侧改革实现切实推进区域经济协调发展目标而言，创品牌要将创造消费市场普遍感知的产品附加值环节放在第一位。具体操作在于以市场需求为导向，明确消费者普遍的产品价值认同取向，并针对产品营销渠道进行有效管理，最终明确企业信任管理措施，进而让消费市场的产品附加值明显增加，为打造具有市场竞争力的产业品牌夯实基础。

2. 培育国内品牌

就新发展格局下四川省深化南向开放的总体视角而言，其始终以国内大循环为主体，国内国际双循环为重要推动力，从而确保四川省产业发展始终可以吸纳国内和国际优质资源和市场。对此，四川省在进行产业结构调整的道路中，培育国内知名的产业品牌，不断扩大内需，加速国内大循环成为四川省供给侧改革必须关注的焦点，为深化南向开放并带动区域经济协调发展提供强有力的推动作用。其间，给予品牌培育资金、有效配置资源和生产要素、扶持产业品牌开拓国内市场等方面是有力的手段。

3. 打造国际知名品牌

产品出口在产业发展道路中，是有效吸收国际优质资源和利用国际市场实现区域经济又好又快发展的重要手段，所以打造国际知名品牌往往是产业发展的必经之路，也是供给侧改革质量达到最高的重要体现。在新发展格局下四川深化南向开放的道路中，通过供给侧改革推动区域经济协调发展必须注重打造产业品牌的国际化发展之路。不仅要树立品牌的国际形象，更要进行品牌国际形象的全球传播和不断进行品牌创新，始终保持品牌自身的差异化优势，进而确保四川省区域产业能够迅速占领国际市场，成为服务区域经济协调发展的关键性因素。

（三）培育新动能，汇聚新动力

就当前时代发展而言，区域经济发展的主体在于产业化水平的不断提升，根本的体现在于产业集群在各个区域逐渐形成，成为推动区域经济发展的中坚力量。

四川省在新发展格局下深化南向开放道路构建中，以供给侧改革全面推进区域产业经济协调发展必须立足产业集群建设，培育出产业发展新动能，汇聚产业发展的新动力。在此期间，既要做到不断培育产业的创新链，还要加强对产业服务链的优化和价值链的提升，进而保证四川省区域经济协调发展，同时实现区域经济的高质量发展。

三、供给侧改革背景下四川区域经济协调发展的路径

在明确以供给侧改革为着力点切实推进区域经济协调发展的基本前提和主要侧重点基础之上，还要将其实施路径加以高度明确，由此方可确保四川深化南向开放真正做到区域经济协调发展。在这里，笔者认为有效的实施路径包括三个部分，具体如下。

（一）四川区域经济发展的精准定位

从四川省地理位置出发，由于其地处长江上游，地理条件和自然资源得天独厚，所以自古被称为"天府之国"，更成为我国西南地区重要的经济、文化、科技、教育中心，也在我国经济发展新发展格局中占据重

要的位置，成为我国南向开放的重要区域之一。

面对时代发展速度的不断加快，四川省经济发展要继续发挥西南地区重要经济中心的作用，成为西南地区经济开放的重要窗口，为西部地区经济发展提供强大的动力。

其间，要立足战略实施规划的具体安排，以及四川省经济发展的实际情况，通过充分释放产业发展优势条件的方式，确保四川省产业结构的转型升级。另外，在培育特色产业的同时，建设四川省产业集群，以此优化四川省产业结构并实现区域经济协同发展。

（二）力保政府职能部门作用最大化

新发展格局下四川省深化南向对外开放道路构建过程要依托供给侧改革实现区域经济协调发展，这一过程的顺利实施必须有政府职能部门作用支撑作为根本保证。

在这里，笔者认为四川省各级政府不仅要具备宏观调控职能，更要具备公共服务、市场监管、财政投资、生态建设四项职能，并且将每项职能中的服务作用、促进作用、导向作用发挥出来，由此才能确保四川省产业结构优化调整的方向高度准确，推动区域经济发展更加彰显出优势和带动作用，成为四川省区域经济协调发展的重要保证。

（三）促进企业体制优化

随着我国经济发展速度的不断加快，四川省作为我国西部地区重要的经济中心城市，新型产业开发成为四川省全力深化经济改革的一项重要措施，如此区域经济发展的可持续性才能不断增强，确保区域经济又好又快发展。特别是在2019年，四川省成功建立国家数字经济创新发展试验区，标志四川省经济迈向数字化和智能化发展新阶段，数字产业也逐渐建立起来。

其间，众多企业如雨后春笋般出现，成为繁荣产业推进区域经济发展的中坚力量。在新发展格局下四川省深化南向开放为区域产业发展提出了更高要求，进一步优化企业体制成为一项重要任务。其间，必须看清我国经济增长中长期面临的增长态势，还要深刻认知企业体制环境优化调整的长期性、供给侧结构性改革的任务艰巨、技术创新道路遥远、企业资源整合与优化配置具挑战性、产业转型之路还要不断摸索等，由此确保企业体制优化能够更好地推动四川省供给侧改革，为深化南向开放保驾护航的，同时助力区域经济协调发展。

第三节　四川深化南向开放带动人民群众实现共同富裕

"共同富裕"是中国共产党在建设中国特色社会主义道路中的一项基本任务，伴随时代的发展和社会的进步，该目标已经逐渐接近，所以在当今国民经济和社会发展新格局之下，四川深化南向开放必须将带动人民群众实现共同富裕作为一项基本工作任务，将其转化为现实是一项根本工作要求。接下来笔者就通过图7-2，将四川深化南向开放带动人民群众实现共同富裕的重要举措加以直观呈现，在展现其逻辑关系的基础上，对具体实施路径做出明确阐述，具体如下。

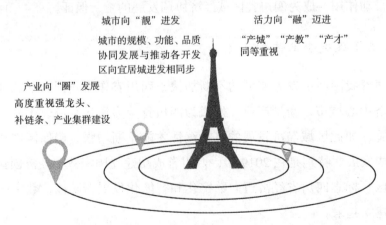

图7-2　四川深化南向开放带动人民群众实现共同富裕的重要举措

如图 7-2 所示，在国民经济与社会发展道路的探索中，实现人民群众共同富裕的基础在于区域经济高质量发展，根本保障在于城市规模、功能、品质的全面提升，动力则来源于城市活力，而这恰恰是四川深化南向开放所要实现的目标，这充分说明立足四川深化南向开放可带动人民群众实现共同富裕。在本节内容中笔者就立足上述三方面，将"利用四川深化南向开放带动人民群众实现共同富裕"的路径进行系统化阐述，以此确保四川深化南向开放之路进一步加快全省经济高质量发展步伐。

一、产业向"圈"发展

经济圈的建设是确保产业集群化发展的关键条件，这有助于"共同富裕示范区"的全面打造。在四川深化南向开放的道路中，要通过建立经济圈来打造产业圈，让产业发展迈向集群化，从而为加快人民群众实现共同富裕提供强有力的前提条件。在此期间，笔者认为以下两方面必须引起高度重视。

（一）强龙头和补链条作为各区域产业协同发展的关键性因素

龙头产业和完善的产业链条是区域经济增长的重要带动力和保障力所在，所以在区域产业经济发展道路中，必须将"强龙头"和"补链条"作为重点关注对象，四川省深化南向开放之路也将此视为重中之重，以确保各区域产业的协同发展。在此期间，四川省采取了三项基本措施：一是加大投资力度，一批项目上马，积极打造四川省龙头产业；二是积极建设重点项目，确保产业活力得到全面提升；三是产业数量不断增加，整体质量也实现跃升。在上述三项措施的支撑下，四川省南向开放之路为区域经济协同发展起到了至关重要的推动作用，不仅全省产业规模得到普遍性的提升，工业增加值涨幅也较为明显。据四川省政府网站所公布的数据，2021 年四川省工业增加值涨幅已经达到了 43%，龙头产业和产业链条已经全面补齐，在深化南向开放道路中依然要进一步加大投入力度，为实现全省共同富裕目标提供理想前提。

（二）聚集群作为四川省产业园向生态圈转变的根本动力

自2019年起，四川省就已经加大产业集群建设的投入力度，确保产业园建设不仅全面提高全省经济总量，还能使产业园成为四川省生态圈的重要组成部分，让经济发展和人居环境的全面改善保持同步。南向开放加快了这一目标的实现步伐。

在此期间，在生产制造业方面，政府部门加大投资力度，让3000亿动力电池、2000亿智能终端、1000亿高端装备制造、500亿医疗器械产业在四川省落户，并且大力推动与之相关企业进入产业园区，高度强调园区生态建设的投入力度，从而确保产业园不仅能体现出经济效益，更能彰显出高质量的生态环境，这为改变四川省经济发展视角、提升四川省优质产能、积极改善四川省人居环境提供强大的助推力，既能确保人均收入水平全面提升，又能推动人居环境更加趋于理想化。随着时间的推移，四川省南向开放的步伐进一步加快。在全面深化南向开放的道路中依然要将产业集群深化发展作为重中之重，更要在产业集群助推生态发展方面不断提出更高要求，从而确保人民群众物质需求和精神需求得到更好满足。

二、城市向"靓"进发

对于区域经济发展的可持续性而言，城市规模本身所具备的功能性发挥着至关重要的作用，其原因在于规模决定产业化发展的前景，功能性直接关乎人民群众能否从中获得幸福感和舒适感。对此，在四川深化南向开放的道路中，城市建设不仅要体现出规模化，更要彰显出功能化特征，由此方可加快人民群众实现共同富裕的步伐。

（一）城市的规模、功能、品质协同发展

"共同富裕"作为中国特色社会主义建设与发展的根本目标之一，是全党和全国各族人民恒久不变的追求，面对中国特色社会主义经济发展所提出的新发展理念和新发展格局，四川省全面深化南向开放之路正是以实现"共同富裕"为基本目标，强调对人们物质生活和精神生活需求的全面满足，同时未来发展的可持续性能够得到全面增强。

在此期间，各区域产业发展优势通过国内与国际资源以及国内与国际优质市场的开发得以显示，进而确保城市产业化发展进程的不断加快，各区域中心城市的规模不断扩大。另外，城市也不仅是人们日常生产生活的区域，而且是人们享受各项社会福利和幸福感的多维度空间，进而人们日常生产劳动和生活的品质将得到全面提升，从而较大程度满足全省人民在当代乃至未来社会的切实需要。

（二）推动各开发区向宜居城进发

在四川省全面深化南向开放的道路中，区域产业化发展进程的加快最终会成就科技创新试验区、特色农业示范区、高新产业园区、自由贸易示范区等一系列经济开发区，在增强城市经济活力的同时，让人们基本的物质生活需求得到充分保证。

但是，物质生活需求的满足并不意味人们就已经实现"共同富裕"，精神生活和物质生活的同步满足才是人们实现"共同富裕"的重要标志。为此，四川省在全面深化南向开放的道路中，必须做到在设立省级新区之前，将区域内城市发展的整体性、系统性、宜居性进行统筹规划，在各开发区内都要设立长江上游绿色发展示范区，从而确保开发区产业发展道路既强调全面激发经济活力，还注重将各开发区打造成为生态宜居新高地，不断将四川省各区域发展的功能短板补齐，用绿水青山和金山银山造福子孙后代。

三、活力向"融"迈进

城市活力是区域经济发展的基本象征，也就是说城市活力越强，经济发展的质量越高，发展速度越快，人民群众的经济收入越有保障。在四川深化南向开放的道路之中，推动全省人民群众实现共同富裕必须将增强城市活力作为重要任务，而城市空间、产业结构、教育发展、人才建设与培养的全面融合则是理想之选。

（一）"产城"：资源聚集的重要体现

通过产业增强城市活力是每个区域在经济发展道路中的必然选择，而产业发展之路往往是优势资源汇集并形成相互作用的最终结果，因此通过优势资源汇集并形成相互作用带动区域经济增长就成为增强城市活力的明智之选。

四川省在全面深化南向开放的道路中，就是将国内和国际优质资源充分引进，并且将国内与国际市场予以深度挖掘，让更多的优势资源能够汇集到四川省内，通过科学合理的方式使其形成相互作用，最终不仅实现带动各区域产业经济全面增长，同时能出现更多新的经济增长点。其间，不仅要立足陆海新通道，打通与国内各经济圈之间的联系，形成区域范围内经济圈之间的高度协同，同时要与东南亚各国之间保持紧密联系，了解国内和国际产业发展的新动态，以及本省产业资源发展的优势条件所在，从中找出彼此之间实现优势资源协同供给的具体方向和方案，从而推动四川省产业经济全面发展。这是四川省在深化南向开放道路中达到资源聚集目标的有效路径，也是城市经济活力全面增强的重要基础。

（二）"产教"：资源优化的内在动力

人才是全面推动区域产业化发展进程不断加快的重要条件，构建理想的人才培养平台是确保高质量产业人才充足的关键条件。所以，四川省在全面深化南向开放道路中，将"国内外协同"作为产业人才培养的主要模式，力求"产、学、研、用"，实现四位一体，为四川省各产业的高质量发展提供强有力的人才保证，力求人力资源和物质资源能够始终保持最优化的状态，为区域经济又好又快发展提供全面和有力的支撑条件。

在此期间，与国内其他经济圈共建人才协同培养模式主要采用"引进来"的方式，通过完善相关政策实现优质人力资源的高度共享，确保省内人才不仅在产业发展方面具有较坚实的理论基础和较强的实践能力，更具备较完善的科研能力和科研成果转化能力。与国际社会之间的人才协同培养模式构建，主要以"走出去"的方式来进行，通过贸易互惠政策和资源共享政策的全面完善，打造更多的产业人才合作培养机会，由此确保产业人才培养的载体更为丰富，人才培养的效果趋于理想化，助力四川省产业资源优势的全面发挥。

（三）"产才"：资源共融互通的融合剂

在明确区域产业发展与城市经济活力，以及产业发展与人才培养之间的关系基础上，四川省在全面深化南向开放的道路中，要加强产业与人才之间的深度融合，确保高质量的产业人才能够有效服务区域产业化深度发展，最终开拓出资源共融互通的理想局面，将四川省建设成为"共同富裕示范区"。

首先，四川省要突出高等教育发展的优势，将省内知名高校建设成为"双一流"高校，致力于"一流学科"和"一流大学"的同步建设，并且将省内科研院所和创客空间作为人才科研活动平台与创新创业实践平台。其次，四川省还要加强与国内知名科研机构和创新创业指导平台之间的联系，全面提升产业人才培养质量，同时让人才能够深入产业发展之中，实现专业知识、专业技能、创新创业能力、科研能力的转化。

最后，四川省要与陆海新通道沿线国家的高校和科研机构之间保持相互协同，成为人才科研能力和创业能力提升的主要平台，由此确保人才更好地融入四川省产业发展道路之中，服务区域产业协同发展，全力加快优势资源共融互通的步伐。

第四节　四川深化南向开放促进实体经济及互联网经济高质量融合发展

就当今国民经济与社会发展新发展理念与新发展格局而言，经济高质量发展是最终目标。随着互联网技术的飞速发展，互联网经济已经成为我国重要的经济发展模式，实体经济受到冲击，这不利于区域经济健康发展。对此，四川省在深化南向开放的道路中，必须将促进实体经济及互联网经济高质量融合发展作为基本侧重点，以此加快四川省经济高质量发展步伐，具体操作如下。

一、通过四川深化南向开放实现产销精准匹配

优势产能与市场需求之间的高度匹配是确保经济发展的关键性因素，所以在推动区域经济高质量发展的道路中，必须将产销精准匹配放在重要位置，四川深化南向开放也要以此为基本前提条件，由此才能确保优势产能更好地转变为经济效益。在此期间，具体操作应着重关注以下两方面。

（一）国民经济与社会发展模式已经发生"质"的改变

就当今时代我国国民经济发展的客观事实而言，消费模式已经不再是模仿型排浪式消费，而是个性化和多样化消费并存的消费模式。这也造就了小型化、专业化、智能化产业发展理念的诞生。该产业发展理念就是为了迎合当今消费市场各类人群对产品的切实需求。

然而，在该产业发展理念的深化落实过程中，单纯依靠固有的实体经济平台很难将理念转化为现实，需要有更加方便、灵活、快捷的平台衔接在供求两端，由此方可高效率满足个性化和多样化消费需求。四川省在深化南向开放的道路中，国际优质资源和优质市场有效利用过程为打造方便、灵活、快捷的对接平台打开了新思路。诸多实体经济企业借助数字经济技术与平台连接，实现企业与客户之间的相互对接，进而形成一种具有划时代意义的产销模式。这是实体经济与互联网经济走向融合发展道路的有力说明，更是我国未来经济发展的根本趋势所在。

（二）实体经济的数字化转型过程要尊重客观性和全程化

就四川省深化南向开放的战略部署而言，依托优势资源深度挖掘国内与国际市场，实现资源经济效益的持久化和最大化是最终的目标。其间，要以陆海新通道为桥梁，并将合作共赢模式作为平台，通过互联网开展经贸往来活动，由此确保合作双方能够得到更为优质的供求市场，实现经济效益的持久化和最大化目标。

在这里，高度的对外开放是重中之重，实体经济应深深嵌入互联网经济之中，由此确保对外经济贸易活动开展的广泛性和深层次。对此，在四川省深化南向开放的道路中，实体经济的数字化转型已是大势所趋，其过程必须将焦点落在"消费—生产"同时还要注重"流通—制造"的每一个环节，确保产品数字化生产、消费、流通领域既能满足国际市场的总体需求，又能体现数字化发展所带来的方便与快捷。这一经济模式是用互联网平台打通系统之间存在的信息孤岛，让国际经贸活动及时优化和调整排产计划成为可能，实体经济的质量、效率、可持续性得到强有力的保证。

二、通过四川深化南向开放确保产业链、供应链稳定安全

从经济高质量发展的必要条件出发，产业保持健康平稳的运行状态

是至关重要的条件，而确保产业健康平稳运行的作用因素在于产业链和供应链高度健全，如有缺失会导致链条断裂，最终造成产业难以正常运行，区域经济发展受到影响的后果。为此，在四川深化南向开放的道路中，确保实体经济与互联网经济的高度融合要高度重视产业链、供应链的稳定性和安全性，由此为区域经济高质量发展提供重要保证。在这里，笔者认为具体操作主要包括以下两方面。

（一）"协调"二字作为实体经济与互联网经济发展相同步的重中之重

四川省深化南向开放的总体目标就是以区域经济永续发展为前提，最终实现并始终保持又好又快的发展姿态。在这里，区域经济协同发展是基础的条件，保证协同发展的重要前提则是各产业和发展模式之间保持高度"协调"，不能单纯注重某一产业或某一种发展模式，必须结合时代经济发展的大环境和新要求，合理调节产业化发展的侧重点，由此才能保证区域经济发展始终处于健康的状态，效果趋于理想化。

针对四川省深化南向开放的侧重点而言，全面、立体、开放的合作是重中之重，多领域交流和全方位合作是区域经济发展的战略重心所在。其间，互联网金融、互联网经济、互联网服务成为经济发展的主角，但并非深化南向开放的全部，以物质产品、精神产品、服务为主体的生产、流通等经济活动依然是深化南向开放的重要组成部分。互联网金融、互联网经济、互联网服务是一种有效延伸，保持高度协调的发展状态会加速实体经济与互联网经济高质量融合，最终让二者发展的高度同步成为现实。

（二）"一站式数字化服务平台"可延长产业附加价值链条

四川省在建立深化南向开放通道，实现全面、立体、开放的合作过程之中，数字化、信息化、智慧化的服务条件发挥着重要保障作用，而通过区块链所打造的"一站式数字化服务平台"正是该作用一种集中体现。

该平台不仅是一个"信息超市",汇聚行业内部所有相关信息（国内与国际领域）,如行业标准、发展动态、产品开发主要潮流、国内和国际市场需求等,还是一个信息交换平台,该平台能够向行业内部推送最理想的品牌营销、品牌保护、品牌形象设计等方案,让企业与国内和国际市场之间形成广泛联通。在该平台的作用之下,企业可以通过数据对接、数据清洗、语义分析、数据挖掘、舆情监控、风险预警、用户画像、精准营销、竞品监测等环节,有针对性地提高产品质量和改善品牌营销的方案,全面满足目标市场切实需求,同时不断将市场进行拓展。这不仅充分体现产品的附加值,还将产业附加值链条延续下去。

三、通过四川深化南向开放铺就经济的绿色、开放、共享之路

就中国特色社会主义经济发展的基本理念而言,"绿色""开放""共享"作为基本理念,推动国民经济与社会发展新发展格局的全面形成。四川深化南向开放正是以该理念为中心,为四川省经济高质量发展注入强大的动力,实体经济与互联网经济的高度融合成为必然。接下来笔者就通过两方面对这一观点进行论述。

（一）实现绿色转型成为四川经济发展的基本目标

"创新""协调""绿色""开放""共享"作为中国特色社会主义事业建设与发展的基本理念,也是社会主义现代化强国建设所必须秉承的发展理念,经济发展道路要秉承该发展理念。其中,"绿色经济"的全面发展是成就未来经济走向辉煌的根本所在。

基于此,四川省在全面深化南向开放的道路中,将全面推动"绿色经济"发展作为对外贸易合作的主旋律,在国际优质资源和优质市场引

进道路中的侧重点较为明确，由此加快四川省区域经济与社会发展实现全面绿色转型，同时保持"开放"和"共享"的经济合作发展姿态。在此期间，国际双边和多边经贸合作的范畴主要体现在数字化技术设施建设以及本土制造业优势开发两方面，确保本地和国外互联网经济企业与制造企业在合作中碰撞出火花，生成具有高度创新性、开放性、共享性的四川经济结构形态，为促进实体经济及互联网经济高质量融合发展提供强大的助推力。

（二）加快四川新能源全产业链的形成脚步

四川省在全面深化南向开放的道路中，强调以"建立人类命运共同体"为中心，秉承"同呼吸，共命运"的合作发展理念，实现双边和多边贸易的可持续发展。四川省地理位置优越，不仅拥有较为理想的常规能源结构，更在核能、太阳能、风能、生物质能、地热能方面取得诸多研究成果，所以新型能源结构也较为理想。随着深化南向开放步伐的不断加快，新能源产业链在四川省经济发展道路中也逐渐成为主角。

但不可否认的是，该产业链的全面形成要有电动化和数字化两项核心技术作为重要支撑，而深化南向开放的重要举措为四川省产业数字化和数字产业化发展提供了理想契机，依托陆海新通道为深度开展数字经济技术研发工作建立理想平台，并可以全面支持中小企业中的应用。这为我国打造出新能源全产业链提供至关重要的推动作用，同时让中小企业未来发展能够拥有"数字化底座"作为基础。

第五节　四川深化南向开放努力促进乡村振兴

乡村振兴是现代化强国建设的必由之路，是全面实现共同富裕伟大目标的必要条件，所以在四川深化南向开放道路中，必须将促进乡村振兴作为重要目标之一。其间，产业振兴作为实现乡村振兴的一项重要条件，如何通过四川深化南向开放将其转化为现实值得广大学者进行深入思考。接下来笔者就先通过图 7-3，将四川深化南向开放努力促进乡村振兴所采取的重要举措直观展现出来，并在下文中对各项重要举措的实施过程进行系统性阐述。

图 7-3　通过四川深化南向开放努力促进乡村振兴的重要举措

如图 7-3 所示，四川省在深化南向开放道路中，将高度的对外开放作为重中之重，为加快乡村产业化发展步伐提供了前所未有的发展空间和动力，能够全面助力乡村振兴事业的稳步进行。笔者在本节就以此为立足点，将具体实施策略进行阐述，具体如下。

一、对接"六大经济走廊"为乡村产业振兴助力

对外开放是加快国民经济与社会发展步伐的重要推手，加快产业化发展步伐的路径也会随之增加，所以在全面加快国民经济与社会高质量发展的道路中，不断加大对外开放力度就成为一项重要的内容。我国产业化发展已经面向乡镇，高度的对外开放也会助力乡村产业振兴，而这也正是四川深化南向开放的初衷之一。在这里，笔者认为对接"六大经济走廊"是明智的选择，具体操作如下。

（一）对接中蒙俄经济走廊助力四川乡村产业振兴

中蒙俄经济走廊是在上海合作组织框架内有效开展国际合作，实现共同发展的一项重要举措，更是践行"互信""互利""平等""协作"国际合作原则，推动国际经济健康平稳发展的具体措施。

众所周知，蒙古国、俄罗斯与中国一样，同属发展中国家，并且地理原因导致蒙古国和俄罗斯农业基础较为薄弱，中国与这两国之间建立经济走廊有利于满足两国人民在农副产品方面的需求，同时蒙古国畜牧业和俄罗斯天然气也能够满足中国的需求。四川省素有"天府之国"的美誉，第一、第二、第三产业发展潜力较大，能够满足蒙古国和俄罗斯两国生产生活中的一些需要，而两国提供的资源能够为进一步加快四川省第一和第二产业发展步伐提供重要的资源保障，从而为乡村振兴提供强大的推动力。四川省对接中蒙俄经济走廊为乡村产业振兴增强推动力，同时为深化南向开放提供理想的条件。

（二）对接新亚欧大陆桥助力四川乡村产业振兴

新亚欧大陆桥又名第二亚欧大陆桥，是全世界开展国际合作的一条重要纽带，全长 10900 千米，辐射世界 30 多个国家和地区，是中国全面对外开放的重要桥梁之一。在对外开放的道路中，国际合作的主要方向

是农业、畜牧业、矿产资源、工业、交通运输业等。亚欧大陆桥延伸至中国内陆地区，与中国陇海兰新铁路线相连，途经 8 省、区，65 个地、市、州，430 多个县、市，为中国区域经济发展做出了重要贡献。

四川省深化南向开放通过世界第一跨径悬索桥对接新亚欧大陆桥，其目的就是要全面加强对外合作关系，让省内优质农业资源能够更好地进入国际市场，国际优质资源和市场能够进入四川省，推动乡村第一、第二、第三产业的全面发展，实现乡村优势资源高度互补，区域经济实现协同发展，加快四川省乡村振兴步伐。

（三）对接中国—中亚—西亚经济走廊助力四川乡村产业振兴

中国—中亚—西亚经济走廊是中国与阿拉伯半岛建立经济联系，全面推动国际贸易又好又快发展的一条重要途径。该条经济走廊由新疆出发，抵达波斯湾、地中海沿岸和阿拉伯半岛，主要涉及中亚五国（哈萨克斯坦、吉尔吉斯斯坦、塔吉克斯坦、乌兹别克斯坦、土库曼斯坦）、伊朗、土耳其等国。优质资源和优质市场充分引入各国，成为加快对外开放并推动国际双边或多边合作的重要平台。

四川省早在 2016 年就已经提出与中亚国家通过国际旅游建立双边和多边合作关系，促进省内旅游和国际旅游产业发展。随着中国新发展格局的全面形成，四川省在深化南向开放道路中，强调打通与中西部相对接之路，让四川省与中亚和阿拉伯地区之间形成紧密贸易往来，从而让农副产品和手工艺品进入中亚和西亚地区，满足该地区人民日常生产生活需要，同时通过加快四川乡村产业发展步伐实现乡村振兴。

（四）对接中国—中南半岛经济走廊助力四川乡村产业振兴

中国—中南半岛经济走廊是我国全面加强与东南亚国家经济与文化往来的重要路径，也是我国南向开放战略部署的重要组成部分。该经济走廊以中国广西南宁和云南昆明为起点，以新加坡为终点，纵贯中南半岛。从该经济走廊的跨度来看,其途经的越南、老挝、柬埔寨、泰国、缅甸、马来西亚均为发展中国家,国土资源丰富,而新加坡作为发达国家,旅游产业和金融产业是国家经济的主体,但地理位置原因导致其农副产品和服饰等领域以进口为主。

对此,四川省作为农业、传统手工业、数字产业大省,与中南半岛国家保持高度的贸易往来能够让固有的资源优势转化成为国际市场优势,让低成本高质量的资源进入省内,带动四川省内乡镇居民丰富收入来源,同时推动乡村实现产业化发展,还能促进中南半岛各国科技、信息、运输、旅游行业的飞速发展。对此,在四川省深化南向开放的道路中,可通过对接中国—中南半岛经济走廊加快四川乡村产业振兴步伐。

(五)对接中巴经济走廊助力四川乡村产业振兴

中巴经济走廊是中国全面加强与巴基斯坦交通、能源、海洋等领域的交流与合作,实现两国互联互通、共同发展的一项重要战略举措,也是加快中国对外开放战略发展步伐的路径所在。随着时代的进步,中国经济发展新发展格局已经全面形成,南向开放已经上升到战略层面,加强与中巴经济走廊的对接能促进南向开放省份在交通、能源、海洋等领域又好又快发展。

四川省作为我国资源大省,自然资源、矿产资源、人力资源丰富,拥有巨大的产业发展潜力,所以在经济发展新发展格局下要深化南向开放,与中巴经济走廊之间形成相互对接,让丰富的农副产品、手工艺品、服饰产品进入巴基斯坦市场,最大限度满足该国人民日常生产生活需要,同时全力发展本省交通运输业和能源产业,推动乡村实现产业振兴,全面加快四川省乡村振兴进程。

(六)对接孟中印缅经济走廊助力四川乡村产业振兴

2013 年,中国提出孟中印缅经济走廊倡议,目的就是要强化四国之间友好合作关系，确保东亚与南亚两大区域之间形成互联互通。该倡议一经提出就得到其他三国积极响应。随着时间的推移，该经济走廊已经成为推动东亚与东南亚各国之间经济合作和贸易往来的重要平台。

伴随中国经济新发展格局的全面形成，南向开放推动中国相关省份与亚洲各国之间的贸易往来更加密切，从而满足印度、孟加拉国、缅甸人口压力下的农产品需求。四川省作为自然资源、矿产资源、人力资源大省，农业、手工业、生产制造业拥有理想的发展前景，所以在全面深化南向发展道路中，对接孟中印缅经济走廊会促进四川省内农业、手工业、生产制造业的产业化发展进程，从而为乡村产业振兴提供强大的推动力。

二、建设自贸试验区为乡村振兴提供理想条件

自贸试验区的全面建设是推动区域经济快速增长的一项重要举措，其不仅可以为国内产业发展释放大量空间，还能推动产业迈向集群化发展。面对当今我国产业化发展所呈现出的新态势，乡村产业发展进程正在不断加快，四川省在深化南向开放的道路中，加快自贸试验区的建设可以推动乡村产业进入集群化发展新阶段。这为乡村振兴提供了理想的条件，具体如下。

（一）政策环境的理想化

政策是推动时代发展和社会进步的有利条件，这也意味着政策的制定与出台必须考虑时代发展大环境和社会发展的实际情况。面对当今时代背景下社会主义事业建设与发展的新任务，南向开放也要迎接新的挑战，即全面加快乡村振兴进程。四川省深化南向开放也要在政策层面不断加以创新，特别是在自贸试验区建设过程中，必须最大限度发挥出政策推动作用、指导作用、保障作用。笔者在表7-1中就针对四川省自贸试验区建设的政策支撑进行详细归纳，并在下文中进行深入解读，从而提出自贸试验区建设为乡村振兴提供的政策创新。

表7-1　四川省自由贸易试验区建设的政策支撑

序号	政策名称	发布年份	发布机关
1	《自由贸易试验区外商投资准入特别管理措施（负面清单）（2017年版）》	2017年	国务院办公厅
2	《关于金融支持中国（四川）自由贸易试验区建设的指导意见》	2017年	中国人民银行成都分行
3	《中国（四川）自由贸易试验区建设实施方案》	2017年	四川省人民政府
4	《中国（四川）自由贸易试验区黄金政策2018版》	2018年	中国（四川）自由贸易试验区工作办公室
5	《中国（四川）自由贸易试验区条例》	2019年	四川省人民政府

资料来源：中国（四川）自由贸易试验区网站。

如表7-1所示，国务院早在2017年就已经提出关于自贸试验区建设的相关政策性文件，明确指出自贸试验区外商投资准入的管理标准与措施，这为四川省自贸试验区建设提供了强有力的政策支撑条件。此后，中国人民银行针对四川省自贸试验区建设的金融支持政策全面出台，不仅为自贸试验区建设与发展发挥了政策性的指导作用，更为其提供政策性的金融支持条件，这也是四川省加快自贸试验区建设步伐的有力保证。同年，四川省人民政府开启自贸试验区建设工作，将建设与实施方案进行了系统化制定，四川省南向开放发展阶段也正式开启。在此后的2018年，中国（四川）自由贸易试验区工作办公室将自贸试验区建设的方案予以进一步深化，确保其建设与运行过程能够加快四川省南向开放的进程。进入2019年，四川省人民政府针对自贸试验区管理条例和细则进行了明确规定，力求自贸试验区更好地服务于南向开放。随着中国特色社会主义事业发展新时代的全面开启，全面推进乡村振兴战略的实施已经成为当代乃至未来的一项重要工作，南向开放是有力抓手，自贸试验区建设与运行的相关政策会在这一领域做出系统化补充，进而形成自贸试验区建设与发展相关政策的创新。这既为四川省深化南向开放提供了重要推动力和保障力，又为加快四川省乡村振兴的步伐提供了理想条件。

（二）技术方面实现创新

自贸试验区的建设与发展是新发展格局下四川省全面对外开放聚集地所在，更是四川省深化南向开放重要的一项举措。不可否认的是，在自贸试验区内，优秀的国际资源充斥其中，各项创新成果不仅会成就产业发展模式的不断更新换代，更能确保产业发展道路中的技术方面实现不断创新，以此为四川省区域经济又好又快发展提供强大的推动力。

在自贸试验区多项技术创新成果的基础上，要将新技术有效应用到出口商品生产、加工、销售活动之中。由于四川省对外出口商品设计研发、原材料加工、产品生产环节普遍位于各乡镇，所以依靠自贸试验区多项技术创新成果，可有效提升乡村产业发展的技术水平，有效提高乡村产业发展道路中的产能，为全面加快四川省乡村振兴步伐提供重要的技术支撑条件。

（三）组织方面实现创新

自贸试验区充分发挥其作用重要因素在于各项工作能够在规范的组织框架内完成，让各项工作的深入开展都能呈现其价值。在试验中国特色社会主义道路建设与发展中，乡村振兴是一项重要战略部署，四川省在经济发展新发展格局下深化南向开放也要重视乡村振兴。

在依托自贸试验区建设有效推动乡村振兴的道路中，组织框架要实现进一步创新。其间，不仅要有明确的自贸试验区工作领导小组工作办公室，明确机构职能和工作人员职责，更要有自贸试验区办公室和省属有关单位（包括投资、贸易、金融、监管、法制五个专门单位）组成，确保自贸试验区运行过程中的技术创新、研究成果创新、市场需求都能经过专门机构得到转化，最终合理进入省内各个乡村之中，真正让自贸试验区建设与发展更好地服务四川省乡村振兴事业。

（四）乡村产业发展新业态的全面形成

在自贸试验区建设道路中，切实做到政策、技术、组织方面都能实现高度创新，最终不仅会成就四川省南向开放新局面，更会使乡村振兴事业取得巨大成功。

在此期间，自贸试验区建设与发展的职责和作用会更加明确，将推动乡村产业振兴作为一项重要要求，无论是在科研攻关方面，还是在技术与营销模式创新方面，都会拥有强大的政策支撑条件，让国际广泛合作与互通更好地服务乡村振兴，为四川省区域经济发展提供充足的原动力。具体而言，乡村产业发展不单单局限在某一领域，最终能够形成一条完整的产业链条，产业之间保持相互带动关系，同时让产业化发展的可持续性更加突出，满足省内和国内国际市场切实的发展要求，这正是四川省深化南向开放道路中，乡村产业发展最终会出现的"互联网＋乡村产业化"新业态。

三、拓展农业经贸关系加快乡村振兴进程

南向开放目的就是要充分打开国内与国际市场，深度挖掘国内需求潜力，同时让国际优质资源和市场能够进入国内，为国内产业化发展提供更为广阔的空间。四川省在全面深化南向开放的道路中，也以此为目的，会成就各产业又好又快发展，助力全省经济高质量发展。伴随我国产业化发展重心向乡村转移，四川深化南向开放会拓宽农业经贸关系，乡村振兴的进程也会随之加快。具体而言，以下两方面能够提供充分说明。

（一）多双边农产品贸易合作力保国际农产品供应链高度稳定

双边贸易和多边贸易作为文化交流和多边合作的重要载体，是各地区促进文化发展和经济协同发展的重要渠道。所以，在新发展格局下的

四川省深化南向开放道路中，借助陆海新通道实施全面对外开放的过程就将双边和多边合作视为重中之重，并且紧紧抓住四川省农业产业化发展的优势，确保将农产品推广至国际市场，以确保国际农产品供应链的高度稳定，为通过农业经贸关系加快乡村振兴进程打下坚实基础。其中，双边农产品贸易合作的模式在于以四川农产品出口联盟为主体，与陆海新通道沿线某一国家进行农产品交易，交易过程既可以是四川省农产品与某国优势资源的等价交换，也可以是与交易国直接进行货币交易，从而保证国际市场农贸产品供应链高度稳定，同时将他国优势资源或优质市场引入四川省内。多边农产品贸易合作的模式在于依然以四川农产品出口联盟为主体，陆海新通道沿线各国均可以积极参与农产品贸易合作活动，国际优势资源和优质市场之间高度共享，力保国际农产品供应链高度稳定。这不仅加快贸易合作全球化的步伐，更为四川省加快乡村振兴的步伐提供有力的抓手。

（二）国际农业产品贸易供需结构稳定性有助于加快农业产业化进程

自贸试验区建设根本目的在于通过实际商品满足国际社会迫切的需求，同时国际社会优质的资源和市场能够进入国内，服务区域经济的发展。从当前四川省深化南向开放所采取的措施来看，连接"六大经济走廊"是重要工程，而途经的国家有共同的特点，即由于地理位置或人口因素，农业和手工业发展很难满足本国实际需求。

在前文中，笔者已经明确指出四川省由于地理位置具有特殊性，物产丰富，劳动力市场广阔，所以乡村产业化发展的潜力较大，通过自贸试验区建设与发展，在合作与互通的过程中将农产品推广至"六大经济走廊"途经国家，满足各国人民日常生产生活基本需求，形成较为稳定的国际农业产品贸易供需结构，并使先进的生产技术和交易模式加快农业产业化进程。

第六节　四川深化南向开放持续完善要素市场化配置

生产要素的市场化配置作为全面提高生产能力的关键条件，也是加快产业化发展进程的根本前提条件。四川省在深化南向开放的道路中，优化产业体系结构是关键中的关键，是全面提高优势产能和确保区域产业形成互补，最终实现区域经济协调发展的一项重要举措。笔者在下文中，先通过图7-4，将具体举措进行列举，在直观呈现重要举措之间的逻辑关系基础上，将实践中有效贯彻和落实具体举措的路径做出明确阐述，具体如下。

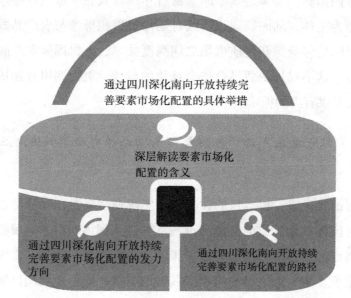

通过四川深化南向开放持续完善要素市场化配置的具体举措

深层解读要素市场化配置的含义

通过四川深化南向开放持续完善要素市场化配置的发力方向

通过四川深化南向开放持续完善要素市场化配置的路径

图7-4　通过四川深化南向开放持续完善要素市场化配置的具体举措

如图7-4所示，四川在深化南向开放的道路中，结合区域经济协同发展的实际情况，将生产要素市场化配置方案不断进行优化与调整，从中确保各生产要素能够最大限度发挥其价值，这在无形中确保区域产业发展资源条件不断完善，从而全面释放优势产能，助力要素市场化配置的持续完善，为四川省经济与社会高质量发展提供全面的保障性条件。在实践中如何通过四川深化南向开放促进要素市场化配置就成为必须重点关注的焦点之一，笔者在下文中就结合上图所明确的具体举措针对实践操作予以细化。

一、深层解读要素市场化配置的含义

由于要素市场化配置的科学性与合理性能够决定社会经济发展的整体走向，所以在全面加快国民经济与社会发展的道路中，普遍将全面增强其科学性与合理性视为重中之重。如何才能将增强其科学性与合理性转化为现实，笔者认为应首先高度明确其含义。四川在深化南向开放道路中，不断完善要素市场化配置也不例外。接下来笔者就立足通俗和学术角度，将其含义加以解读，为四川深化南向开放持续完善要素市场化配置打下坚实基础。

（一）通俗含义

用通俗易懂的语言解读"要素市场化配置"这一专业名词其实非常简单，含义就是人们所熟知的"资源分配"，要素市场化配置就是将生产要素合理地进行分配，达到高效利用的最终目的。

从生产要素的基本构成角度出发，其主要包括三个类别：一是劳动价值类生产要素，二是资本或资产等物质类生产要素，三是管理和知识产权类生产要素。在市场经济发展浪潮中，通常以商品交易的形式实现货币流通和资源配置，这样就形成了各种生产要素市场，同时也产生了相应的要素价格，并且会伴随时代发展的现实情况发生变动。在这一过程里，有效确保生产要素更加合理地分配、更加高效地利用、更加充分地体现经济价值就需要进行市场化配置，这也是全面增强区域经济发展的根本性条件之一。

（二）学术含义

从学术界所积累的各项研究成果来看，关于要素市场化配置的含义主要体现在两方面：一是要素指的就是经济体构建与发展道路中的核心资源；二是以市场为主导，减少政府干预更有利于市场经济又好又快发展。

具体而言，在土地要素方面，要素市场化配置主要是指产业发展道路中所使用的土地，这些土地往往来自人们生产劳作和日常生活用地，所以根据区域经济发展的切实情况有效进行市场化分配会推动我国市场经济的发展进程。在劳动力要素方面，要根据区域产业发展的实际需要，有针对性进行户口和户籍制度的调整，确保人口流动的过程实现更好的社会分工，从而满足区域产业发展的劳动资源需求，展现区域经济发展的活力。在资本要素方面，债券、股票、资金是区域产业化发展道路中，资本实现有效流动，并达到经济效益最大化的重要保障条件之一，将各个区域打造成为一个金融资本社会就要有一个健康的资本市场作为支撑，让资本得到自由流动，而这恰恰是区域经济活力的又一体现。在技术要素方面，区域经济的发展离不开技术，实现区域经济高质量发展也需要不断进行技术开发和技术保护，而这些也正是人们口中经常说的"知识产权"，加强上述两项管理工作可提升区域经济发展的核心竞争力，更能确保区域经济又好又快发展的可持续性。在数据要素方面，众所周知，时代的发展与进步往往源于科学决策，而科学决策的产生则需要海量的数据作为支撑，这也正是当今时代市场经济发展之路以"数据为王"的原因所在。针对于此，在区域经济高质量发展道路中，"数据"成为重要的影响因素，针对产业发展切实需要进行科学化与合理化分配成为推动区域经济高质量发展的决定性条件。

二、通过四川深化南向开放持续完善要素市场化配置的发力方向

通过深入解读要素市场化配置的具体含义，可以明确该项工作在推动经济与社会发展中的作用所在，同时也深刻体现出四川深化南向开放

要将持续完善要素市场化配置视为一项重要的工作内容。

将完善要素市场化配置转化为现实需要付出不懈的努力，其间必须要有明确的发力方向作为重要支撑。基于此，笔者认为主要的发力方向应包括两方面，具体如下。

（一）传统资本要素市场化配置

传统要素是指传统意义上的生产要素，如土地、劳动力、资本等，这些生产要素如果未能根据市场经济发展的切实需要加以合理化分配，会影响市场经济走向并制约市场经济长期保持又好又快发展，四川深化南向开放的道路也不例外。四川省当前所采取的措施能够确保传统资本要素市场化配置方案实现持续完善。

其中，在土地的市场化配置中，明确采用了"增存挂钩"的方案，不仅让批而未供和闲置的土地得到有效利用，还强调劳动力的户籍准入年限做到同城化累计互认，在最大程度上保证劳动力资源跨区域流动的现象出现，全面提高劳动力的配置效率。四川省还在股票的发行改革上加大力度，不仅将企业上市的门槛进一步降低，还在投资者的保护和常态化退市条件方面不断加以完善。这样不仅提高了企业融资效率，更让资本市场形成优胜劣汰的运行环境。上述做法有助于四川省区域经济的高质量发展，同时也更有利于我国市场经济始终保持又好又快的发展状态，为新发展格局下我国经济高质量发展提供基础和有利的支撑性条件。

（二）新型数据要素市场化配置

从当今时代经济发展角度出发，产品的生产与流通过程需要有知识、技术、数据等要素作为支撑，这些要素也被称为新型要素，任一要素如果配置不合理都会导致社会经济发展形成堵点。在当今时代经济发展新发展格局下，避免这些堵点的出现就必须要有一套完善的评价机制作为保证，确保科技成果在生产和流通过程中实现顺利转化。

在这里，笔者认为四川省深化南向开放的全过程也是如此，有效构建评价机制是新型数据要素实现市场化配置的基本条件。其间，具体操作应包括三方面：一是确立具体评价的内容（包括可量化和不可量化两部分），二是建立奖惩机制，三是编制评价过程与结果记录表，并将其实时进行社会公布。就评价内容而言，其主要包括影响新型数据要素市场化配置的主要因素，其中包括评价的对象和具体指标（涉及一级指标和二级指标）。就奖惩机制而言，其主要结合评价结果予以相应的鼓励和惩处，对新型数据要素市场化配置的合理性全面提升起到助推作用。就评价过程与结果而言，其主要发挥产业监督、行业监督、自我监督的作用，以此为四川省区域经济和全国经济的高质量发展提供有力保证。

三、通过四川深化南向开放持续完善要素市场化配置的路径

在明确四川深化南向开放能够为要素市场化配置的高度完善发挥积极推动作用以及具体的发力方向基础之上，接下来就需要针对如何通过四川深化南向开放持续完善要素市场化配置进行深入探索。笔者认为针对传统资本要素和新型数据要素的市场化配置应从以下五个方面入手，由此才能确保四川深化南向开放全面助力全省经济的高质量发展。

（一）用地审批权和计划管理体制的进一步完善

产业发展是区域经济发展的核心力量，产业发展道路要达到预期目标，最根本也是最关键的一项生产要素必须得到充分保证，即产业用地。在四川省深化南向开放的道路中，将优化产业用地审批程序和完善计划管理体制作为推动区域产业经济发展的重中之重，从而加快土地要素市场化配置的步伐。

其间，在产业用地方面要认真落实"放管服"这一重要举措，让地方政府在用地使用权上解脱束缚，并且将真实有效的项目落地作为制订

土地利用配置计划重要依据，从而保证土地计划指标更加科学、合理，为四川省区域经济高质量、可持续、又好又快发展提供强大的助推力。

（二）户籍、职称评审、人才资格互认制度的全面优化

在四川省深化南向开放的道路中，户籍制度的全面优化为提高劳动资源市场化配置效率提供了重要支撑作用，同时也释放了区域经济发展的活力。在此期间，以成都市为主体的大中型城市纷纷将落户的门槛降低，建立了人才绿卡制度，让"零门槛"落户成为现实。

除此之外，四川省还不断加大职业培训制度的建设与完善力度，并出台了一系列相关政策和规章制度，这为四川省在经济高质量发展道路中，劳动力要素市场化配置效率的全面提升提供强有力的支撑条件，更为增加区域经济发展的活力提供了重要的人力资源保证。

（三）资本要素服务实体经济的能力进一步提升

四川省深化南向开放全面建设与运行付出了诸多努力，已经根据2019年出台的《中华人民共和国证券法》，将资本市场全方位优化，在发行条件、注册程序、持续监管、发行保荐等方面建立了明确的制度。其中，创业板的注册程序进行了有效精简和调整，同时新三板的全面优化也在稳步进行，确保再融资的规则更加细致入微。

另外，国家针对四川深化南向开放建立多条资金投入渠道，对创业型小微企业和新兴领域范畴企业运营与发展提供强有力的资金支持，确保以提高企业孵化率为途径，全面加快四川深化南向开放的步伐，同时更为实体经济发展提供强有力的资本服务条件。

（四）科技创新成果转化效率的全面提高

科技创新成果是确保区域经济可持续发展，实现永久保持又好又快发展状态的关键性条件。四川省在深化南向开放的道路中，正是强调与

国内和国际科研团队之间的通力合作，确保科技创新成果顺利出现并应用于产业发展之中，更好地助力区域产业协同发展，区域经济高质量发展的局面才随之形成。

在此期间，四川省要全力挖掘省内、省外、国际科研团队，并且与之建立长期战略合作关系，力求实现南向开放道路中不断有新的科研成果涌现，为全面加快四川省深化南向开放步伐提供重要支撑条件。要将有关高校和科研机构作为试点，逐步建立科技创新成果转化示范区，技术要素配置要充分体现出市场化特征，既加快四川省科技成果向现实生产力转化的速度，又将区域经济发展的协同化、可持续化、高质量转化为现实。

（五）数字经济与新业态方向引领作用的不断强化

2021年9月1日起，我国开始全面实施《中华人民共和国数据安全法》。该项法律对国家数据主权的高度维护以及个人和机构数据权益做出了明确规定，是我国数字经济发展道路上的一项重要法律保障。

四川省在深化南向开放的道路中，以国家该项法律为根本，结合区域经济的协同发展以及高度对外开放合作的实际情况，相继出台了一系列相关法律法规，不仅为数字经济的发展和新业态的形成起到强有力的法律保护作用，更为区域数字经济高度的数据开放和数据共享提供法律依据。其中，相关的法律内容主要涵盖跨地区和跨部门数据流转、融合、应用，以及数据资源获取途径等领域。这些在法律层面为数据要素市场化配置提供重要保障，也为数字经济与新业态的形成提供时代性引领作用。

第七节　四川深化南向开放实现四川老工业基地振兴

四川省作为我国老工业基地之一，随着时代的发展产能落后、库存积压、杠杆现象日益凸显，制约四川老工业基地的发展。对此，在全面深化南向开放道路中，必须将振兴四川老工业基地作为一项重要任务，做到有效利用坚实的工业基础推动全省经济走向高质量发展道路。笔者接下来就通过图7-5，针对通过四川深化南向开放实现四川老工业基地振兴的重要举措进行直观说明，在对研究思路清晰呈现的基础上进行详细阐述。

加快科技创新、人才培养、产业孵化、生产制造业发展进程

完善工业设计、模具制造、材料筛选、性能测试、检验检测产业或行业发展规划流程

振兴四川老工业基地

完成中试产业基地建设体系

图7-5　通过四川深化南向开放实现四川老工业基地振兴的重要举措

如图7-5所示，在全面振兴四川老工业基地的道路中，必须根据当今国民经济与社会发展的总体要求，与新发展理念和新发展格局保持高度一致，确保科技创新、人才培养、产业孵化等一系列措施的全面落实，由此方可将全面振兴四川老工业基地转化为现实，四川深化南向开放能够为之提供重要的推动作用，将四川深化南向开放作为重要的抓手也会全面实现四川老工业基地的振兴，具体操作如下。

一、加快科技创新、人才培养、产业孵化、生产制造业发展进程

科技创新与人才建设是经济发展道路中两项至关重要的因素，所以在加快区域经济发展进程的过程中，需要不断加大科技创新和人才培养工作的投入力度。在此基础上，全面培育和发展生产制造业，由此确保

区域产业结构调整与时代发展新要求的高度统一。四川省实现老工业基地的全面振兴也要围绕该思路全面开展，深化南向开放可以助力该目标的全面达成。

（一）深化南向开放加快四川科技创新发展进程

科技创新是推动生产力发展的根本动力，根本原因在于科学技术不仅能够改变人们的生产生活状态和习惯，更能满足人们在生产生活中的各种需要，进而不断诞生出新的产品。新产品的诞生往往需要将原有的生产模式和生产技术加以改变，这就需要有先进的科技创新成果作为支撑。

科技创新成果的出现需要经过设计、研发、成果转化三个环节，每个环节都需要充足的支撑条件作为保证。在四川省老工业基地振兴道路中，落后产能和过剩产能的转化要有先进的生产技术和生产工艺作为支撑，生产出更符合时代要求和社会发展要求的新产品，进而打造新兴工业产业化发展新局面。在深化南向开放的过程中，明确国内大循环和国内国际双循环的重要性，并且加大各区域的开放力度，在科技创新道路中集各地区和各国家之力，确保新材料、先进生产技术、先进加工工艺不断涌现，进而改善原有四川省老工业基地场地、设备、生产加工流程，确保高质量的新产品不断在国内市场和国际市场中涌现，打造出四川省生产制造业优势品牌，进一步加快四川省科技创新发展进程。

（二）深化南向开放加快四川人才培养发展进程

人才是国家兴盛、繁荣、富强的中坚力量，各项事业实现又好又快发展离不开人才的强力输入，振兴四川老工业基地也是如此。深化南向开放是打造四川省产业人才培养模式，推进四川省老工业基地振兴工作深入落实的重要载体。其原因主要表现在三方面：第一，深化南向开放是国内外产业化发展道路成功经验双边和多边交流的重要桥梁；第二，深化南向开放可助力各国家以及各地区广泛分享产业化发展先进科研成果；第三，深化南向开放可助力各国家以及各地区在人才培养目标、人才培养路径和实践措施方面更加系统化，突出产业化发展道路人才培养的前瞻性。就上述三方面而言，开放平台可以让各国深入了解到产业化发展是适应国际经济发展大环境的，是推动国民经济和社会发展的一项重要举措，在各领域都要不断进行深入研究，如理论创新、技术创新、方案创新、成果转化路径创新等，进而建立一套适合现实情况的人才培养体系和培养模式。深化南向开放加快四川人才培养发展进程为全面振兴四川老工业基地提供强有力的人才支撑条件，也为繁荣区域经济和加快区域经济高质量发展提供关键的保障力。

（三）深化南向开放加快四川产业孵化发展进程

南向开放目的就是在高度开放的环境下，实现以融促产和产融结合的局面出现，显示产业的集群化特征，带动四川省老工业基地的振兴。四川省在全面深化南向开放的道路中，将对内和对外开放作为战略重点，依托其交通枢纽作用来扩大对内和对外开放的范围，开拓四川省产业融合新局面，促进产业发展的同时，加快老工业基地的产业转型和升级步伐，孵化出更多特色鲜明、资源优势明显、创新与生态环保相兼容的实体产业。

在此期间，要先盘活四川省老工业基地现有资源，之后要将资源进行有效优化和合理配置，最后要予以价值管理和业务嫁接，以形成适合当今时代社会发展主题的产业集群。四川省老工业基地向来以钢铁制造产业著名，但产能落后和过剩现象较为明显，有效将现有资源条件进行整合与优化，明确在先进材料、生物化工、航空航天等领域研发、设计、生产所具有的资源优势，在补齐短板的同时有效进行资源配置，最终将产业价值进行有效管理，并将业务进行科学嫁接，方可孵化出更多符合时代发展新要求的实体产业，形成产业集群化发展局面。这是四川省深化南向开放对全面振兴老工业基地所带来的直接影响，使产业孵化发展进程得到不断加快。

（四）深化南向开放加快四川生产制造业发展进程

伴随时代发展步伐的不断加快，中国生产制造业已经开启智能化发展新阶段，优势产能的最大化已经成为生产制造业未来发展的大趋势，也是未来发展的目标所在。落后产能和过剩产能如何有效消除在产业发展道路中必须得到解决，四川省老工业基地的全面振兴也是如此，深化南向开放给出了明确的答案。答案主要包括三方面：第一，满足国内和国际市场对于工业产品的迫切需求；第二，先进生产技术和生产工艺的联合开发；第三，与国内和国际共同建立市场营销体系。

就对于工业产品的迫切需求而言，国内和国际市场需求取向的改变是产业转型升级内在动力，联合国内外生产制造业管理机构深度开展市场调研工作是助力生产企业产能优化的重要前提。四川省在深化南向开放的道路中，不仅要注重将国内外优质资源引入本省，更要全力将优质市场引入，其中就包括生产制造业国内外优质市场。

在引入过程中，会产生具有广泛性和深层次的交流合作，以及关于工业产品需求方面的市场调研活动，这为四川省老工业基地消除落后产能和过剩产能，最终培育更多符合国内和国际市场需求的优质产能提供有力依据。

就生产加工的生产技术和生产工艺而言，"低碳""环保""创新"是三项基本要求，联合国内外知名技术研发企业共同攻关，实现生态环保材料的生产技术、高效率产品生产工艺、有效的产品储存技术是可行的路径。四川省在老工业基地全面振兴的道路中，技术与工艺的创新并最终实现智能化将该路径作为基本选择，深化南向开放让技术与工艺创新拥有更多的合作探索机会，同时也为高质量满足国内外市场和我国发展大环境的具体要求提供技术保证。

就国内和国际共同建立市场营销体系而言，产品营销是产业成功转型的最终环节，并且与产业发展的初始环节相互衔接，与技术和工艺的创新一道形成闭环，四川省老工业基地的振兴也是如此。在这里，深化南向开放有助于老工业基地更好地将产品推向国内和国外市场，在得到高度认可的同时打造出优质品牌。具体表现就是多方参与共同建立国内和国际两个营销体系，及时形成产品和品牌层面的信息反馈，由此确保老工业基地转型升级的步伐始终与市场需求高度一致，全面助力老工业基地的振兴。

二、完善工业设计、模具制造、材料筛选、性能测试、检验检测产业或行业发展规划流程

现代工业是推动当今经济发展的中坚力量，全面提高工业优势产能是工业强国发展的必经之路。在社会主义现代化强国建设之路中，工业强国之路是重要组成部分。四川省作为我国老工业基地之一，全面提高其现代化水平是推动区域经济高质量发展的一项重要指标，而四川深化南向开放可以助其转化为现实。

在这里，笔者认为可以从完善工业设计、模具制造、材料筛选、性能测试、检验检测产业或行业发展规划流程入手，具体操作如下。

（一）工业设计产业发展规划流程的完善

工业在社会主义现代化强国建设之路中，已经成为实现最终目标的重要支撑，更是经济发展新发展格局下维持国家发展、社会进步、人民幸福的命脉所在。特别是在最近几年，中国企业已经在加大工业设计投入力度，这在一定程度上有效缩小了我国与工业强国之间的距离。

面对"十四五"规划阶段的全面开启，工业设计产业发展已经进入到上升关键期，有效提升工业设计产业发展水平成为强化制造业竞争的核心动力之一，更是全面加快我国工业化发展进程的重要推动力。四川

省作为我国重要的老工业基地之一，工业基础相对较为完善，所以全面强化工业设计产业发展，确定发展规划流程成为关键一环。在此期间，深化南向开放能为之提供强有力的推动作用。具体而言，通过成渝地区双城经济圈建设来明确现代工业产能发展的新要求，并不断加大技术研发投入力度，确保老工业基地现有资源条件能够得到科学合理重组。此外，通过陆海新通道的全面打造，加强与沿线各国之间的技术合作，从而让更多产业发展的成功理念、先进思想、重要举措进入工业设计产业发展活动中，结合实际要求和现实情况完善工业设计产业发展规划流程，为全面振兴四川老工业基地提供动力。

（二）模具制造产业发展规划流程的完善

从产业规模角度分析，模具制造在我国属于小众产业，从业人员的数量和产业的产值都能充分说明这一点。四川省是我国老工业基地之一，模具制造业在我国占有一席之地，但随着时代的发展优势产能逐渐下滑，产业规模和从业人员数量锐减。

在当今时代经济发展新发展格局下，四川省深化南向开放必须将模具制造产业优势充分发掘，使其成为推动全省经济高质量发展的重要条件。其间，通过全面立体的对外开放，明确国际社会模具制造产业发展的新动态，之后要针对国际和国内市场环境进行深入分析，并对模具制造产业市场进行深入分析和预测，由此让该产业发展的规划流程、技术创新方向、未来发展前景更加明确，使该产业发展成为振兴四川老工业基地和推动全省经济高质量发展的直接作用条件。

（三）材料筛选产业发展规划流程的完善

由于材料产业发展进程直接关乎我国各项事业发展的可持续性，所以我国在材料产业上不断加大投入力度，力求有更多的绿色环保材料能够为各领域发展提供重要的材料支撑条件，同时材料筛选产业的发展也随之兴起。

四川省作为我国重要的老工业基地，材料生产与加工企业众多，由于技术和工艺限制，落后产能和过剩产能较大，规划并打造理想的材料筛选产业就成为全面振兴四川老工业基地的一项重要工程。其间，深化南向开放为全力打造该项工程提供了智慧方案。要立足全面立体的对外开放路径，在博采众长的同时吸纳成功经验和先进技术，在了解现有先进材料的同时，针对未来材料产业发展的方向做出前瞻性预判，从而明确单水氢氧化锂、碳酸锂、元明粉、新型环氧树脂固化剂、炸材乳化剂、油相、节能环保建材、新型合金材料的筛选，为新型材料的研发、生产、加工确立明确视角，确保四川老工业基地固有资源最大限度释放出优势产能，助力四川省经济的高质量发展。

（四）性能测试行业发展规划流程的完善

性能测试行业的发展是加快工业自动化进程的重要保证，随着时代发展步伐的不断加快，当今的中国已经进入中国特色社会主义现代化强国全面建设阶段，工业自动化发展正在高歌猛进。

四川省作为我国老工业基地之一，工业基础相对完善，如何将落后产能转化为优势产能成为摆在有关主管部门面前的棘手问题，而深化南向开放则是解决这一棘手问题的路径。通过成渝地区双城经济圈与长三角、珠三角经济圈的连接，以及与"六大经济走廊"的对接，将工业自动化发展的成功经验充分汲取，进而明确性能测试行业发展道路中的前提条件，并针对行业需求进行深入而又彻底的分析，最终建立完整的性能测试行业发展方案，由此方可保证性能测试行业发展规划流程能够满足加快我国工业自动化进程的需要。这在振兴四川老工业基地和加快四川省经济高质量发展两方面提供重要的推动力。

（五）检验检测行业发展规划流程的完善

在工业化发展道路中，检验检测行业的作用和地位毋庸置疑，行业发展直接关乎工业发展水平。所以在全面振兴老工业基地的道路中，大力推动检验检测行业发展是一项重要的任务，四川省老工业基地的振兴也是如此，深化南向开放为其提供了理想的平台。

在此期间，需要借助国内与国际优秀资源，在检验检测技术和流程方面不断组织合作研发活动，并且不断加深学术层面和技术层面交流深度，确保检验检测行业地位、检验检测发展环境、检验检测行业发展机遇、检验检测机构竞争格局、不同性质机构经营优劣势、检验检测行业五力模型能够得以建立，形成一套完善的检验检测行业发展规划流程。这不仅为四川省工业发展提供强有力的质量保证，也为全面振兴四川老工业基地，全面推进省内重工业发展进程提供有力保障。

三、完成中试产业基地建设体系

中试产业基地作为新产品功能和质量检验的场所，是全面反映产品能否满足市场需要的平台，所以在产业发展道路中有着至关重要的作用。对此，在四川省深化南向开放推动四川老工业基地全面振兴的道路中，必须将完成中试产业基地建设体系放在重要位置，笔者认为具体操作应包括以下三方面。

（一）技术创新与成果转化的实现

技术创新和成果转化两个环节是新产品从研发到形成过程中不可或缺的两个关键性环节，所以在四川省中试产业基地建设中必须作为体系结构的重要组成部分。

其间，既要通过国内与国际的合作交流，实现生产设备和生产工艺方面技术创新，同时要在生产材料的获取与选择方面实现技术创新，确保新产品从研发到生产都能有先进的技术作为重要支撑。针对成果转化环节而言，其既要强调多体系评价技术研发成果和新品研发成果，又要针对成果落地的可行性进行深入分析，还要就成果所能带来的经济效益进行全面评估，由此确保新产品能够促进四川省老工业基地全面振兴。

（二）融资需求环节的完善

中试产业基地建设的全过程是一项系统工程，不仅要有明确的技术创新和成果转化两项基本流程，更要有充足的资金运转模式作为保证，由此方可确保中试产业基地全面建设并针对产品的性能进行科学测试。在此期间，有效确立融资需求并有效扩大融资范围是中试产业基地建设的关键组成部分。

要通过南向开放道路中的交流与合作，积极了解国内外企业、团体、组织或个人关于新产品的需求，同时将所研发的新产品在技术创新、工艺创新、材料创新方面加以大力推广，从而探求其融资意向和具体需求，确保中试产业基地建设能够拥有较为充足的资金保障，更为四川省老工业基地的全面振兴提供理想前提。

（三）支持服务体系的形成

支持服务体系的全面建设是新产品测试和推广阶段的重要组成部分，是工业产品优势产能全面提升的重要条件之一。所以在通过四川深化南向开放实现四川老工业基地振兴的道路中，完成中试产业基地建设体系必须将支持服务体系的全面形成视为一项重要任务。

在此期间，要通过国内与国际合作交流，将其体系建设基本流程不断进行整合与优化，最终形成一套完整的新产品测试阶段服务体系。其中，要立足大数据技术应用路径的研发与实施过程，将其过程性要素进行不断整合、优化、重组、开发，最终实现在新产品测试阶段让国内外更加了解新产品的特征与优势，推动四川省老工业基地工业产品优势产能的充分释放，为四川省工业高质量发展提供强大的动力。

第八节　四川深化南向开放建设国家西南经济与交通枢纽

四川省地处我国西南地区腹地，自古就是我国西南地区的经济、文化、教育中心。随着时代发展步伐的不断加快，国民经济与社会发展新发展理念和新发展格局的出现，将四川省打造成我国西南地区经济与交通枢纽就成为一项战略任务，深化南向开放要将此作为一项重要任务，由此确保四川深化南向开放能够充分满足当今时代国民经济和社会发展新发展理念和新发展格局的需要。笔者先通过图7-6，将四川深化南向开放建设国家西南经济与交通枢纽的重要举措以直观的方式展现出来，在表明二者之间关联紧密并且作用明显的基础上，将通过四川深化南向开放建设国家西南经济与交通枢纽的具体操作予以系统论述。

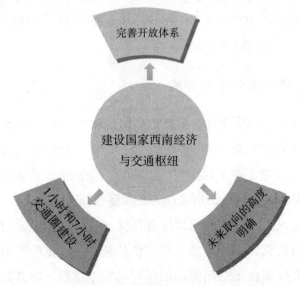

图7-6　通过四川深化南向开放建设国家西南经济与交通枢纽的重要举措

如图 7-6 所示，国民经济与社会高质量发展要有强大的经济枢纽作为带动，同时更要有强大的交通枢纽为之提供保障条件，二者缺一不可。四川省经济与社会的高质量发展也是如此，要强调将四川省打造成为我国西南地区经济和交通枢纽，在深化南向开放道路中，三项重要举措可以发挥强有力的推动作用。在现实中将上述三项重要举措的作用充分发挥则并非易事，需要不断进行深入探究与大胆尝试。在本节内容中，笔者就立足于此进行深入阐述，具体如下。

一、完善开放体系是四川深化南向开放建设国家西南经济枢纽的关键

高度开放在经济发展领域中并不是形容词，而是作为动词存在，如何将高度开放转化为现实则需要不断进行深入的实践探索。四川深化南向开放提供了理想的答案，即找准着力点完善开放体系。其间，建设西南经济枢纽是理想的选择，笔者认为具体操作应包括以下三方面。

（一）与粤港澳大湾区开放性的高度协同

2019 年，国家全面开启了粤港澳大湾区经济建设与发展之路，经过为期 3 年的共同努力，截至 2022 年，已经有 5 个 GDP 过万亿的城市出现。在此期间，高端装备制造、生物医药领域对外开放与合作是关键性的推动力量，产业化发展道路中的对外开放程度高，未来发展前景广，发展动能大。

四川省在深化南向开放的道路中，强调与粤港澳大湾区的相互联通，让合作达到前所未有的新高度，助力四川省经济发展迸发出最大活力，同时让产业化发展呈现出前所未有的速度与高度。这一重要战略部署让四川深化南向开放与粤港澳大湾区开放性保持高度协同，推动四川省成为我国西南地区重要的交通枢纽。

（二）与北部湾经济区开放能级的高度匹配

从"十四五"规划的北部湾经济区经济社会发展的总体战略框架、发展目标、主要任务、重大举措来看，国际门户港建设、区域协同发展、生态文明建设是战略框架和发展目标的主要构成。其中，主要任务在于不断加大对外开放的投入力度，深挖优势资源和优质市场并实现资源与市场的高度共享，确保经济区社会经济可持续又好又快发展。

四川省深化南向开放的道路中，与北部湾经济区的相互连接，不仅可以使北部湾港作为将四川推向国际，增加国际贸易的主要海上通道，更能借助该理想海上通道将国际优质资源和优质市场引入省内，服务省内各区域经济发展，全面扩大区域经济发展的优势条件，加快区域产业化发展规模，释放区域经济发展的整体活力。这让四川南向开放与北部湾经济区开放能级之间实现高度匹配，全面加快四川省经济高质量发展步伐。

（三）加强与各国的经贸文化交流

"共赢发展"是当今乃至未来时代可持续发展的基本理念，跨区域合作是实现高度共赢的理想之选。随着中国特色社会主义新时代的到来，全面建设中国特色社会主义现代化强国已经成为中国共产党和中国人民的伟大事业，全面发展中国特色社会主义经济是至关重要的一环，"共赢发展"深入贯彻与落实是关键中的关键，也是当今时代经济发展新发展格局全面形成的根本。

四川省在全面深化南向开放的道路中，必须围绕高度的对外开放，与国际形成广泛而又密切的贸易往来，将具有中国特色的经贸文化进行全面推广，以此确保"共赢发展"理念成为四川省全面加快对外经济发展步伐，实现区域经济协同发展并最终实现高质量发展的有力保证，确保将四川省建设成为我国西南地区经济枢纽。

二、1小时和7小时交通圈建设是四川深化南向开放建设国家西南交通枢纽的有力说明

交通枢纽的全面建设是四川深化南向开放的重点工程,在推动区域经济协同发展中作用显著。就未来四川深化南向开放道路的整体规划而言,打造1小时和7小时经济圈作为重要着力点,能够为全面加快国家西南交通枢纽进程起到至关重要的推动作用。接下来笔者就以此为立足点,将有关重要举措加以说明。

(一)成都、重庆、贵阳1小时交通圈全面建成意义非凡

2021年是"十四五"规划的开局之年,为了更好地适应中国经济发展新发展格局所提出的全新要求,四川省在全面深化南向开放的道路中做出明确战略部署,这为全面深化南向开放之路指明了方向。

其中,至2025年,基本建成"轨道上的双城经济圈"是战略规划中的重要组成部分。在战略目标上,轨道交通总规模达到10000千米以上,其中铁路网规模达到9000千米以上;世界级机场群航线网络通达全球,重庆长江上游航运中心基本建成,国际铁路港竞争力进一步提升。在战略发展方向上,重庆、成都"双核"之间以及"双核"与成渝地区双城经济圈区域中心城市、主要节点城市之间1小时通达;智能绿色安全发展水平明显提高,5G网络覆盖交通重点场景,重庆、成都中心城区绿色出行比例超过70%,公交、环卫、邮政、出租、轻型物流配送全部使用新能源或清洁能源车辆。这也意味着四川深化南向开放将西南地区的关键节点城市打造成为方便、安全、快捷的交通枢纽,助力西南地区产业集群的建设与发展。

（二）长三角、珠三角、北部湾 7 小时交通圈形成"功在当代，利在千秋"

四川省位于我国腹地，物产丰富、人杰地灵是对该区域的形象概括，所以自古以来，四川省不仅有"天府之国"的美誉，更是我国西南地区经济和文化中心，以及重要的交通枢纽。随着中国特色社会主义经济发展新发展格局的全面形成，四川省全力深化南向开放进程，将全面对外开放作为一项重要的战略实施规划，加大交通枢纽建设力度也随之提升到战略高度。其间，打造长三角、珠三角、北部湾 7 小时交通圈就成为战略实施重点之一。

在此期间，不仅要做到成渝地区双城经济圈与长三角城市群、珠三角经济圈、北部湾经济区相连通，增强成渝地区双城经济圈的经济增长活力，更有助于带动四川全省对外经济实现高度开放，进而推进产业化发展进程的不断加快，形成并长时间保持经济高质量发展的状态，这充分说明 7 小时交通圈建设"功在当代，利在千秋"。

三、通过四川深化南向开放建设国家西南经济与交通枢纽的未来取向

创新成就未来，当前四川省在深化南向开放道路中所采取的举措为成就美好未来奠定坚实基础，在明确建设西南经济与交通枢纽所采取的重要举措基础之上，要针对未来发展趋向做出明确判断，由此方可确保四川深化南向开放更好地推动区域经济协同发展，实现经济高质量发展目标。在这里，笔者认为重点关注的视角应体现在以下三方面。

（一）带动两翼协同发展

四川省在深化南向开放的道路中，强调国内外全面立体合作沟通，让发展基础条件较好并且各方面资源较为充足的地区得到全面发展，最终形成区域之间的相互带动，达到区域协同发展的目标。

从当前四川省各区域发展的现实情况来看，绵阳和乐山作为省内重工业基地，工业基础条件较好并且产业资源较丰厚，产能方面还存在落后和过剩的情况。针对于此，在深化南向开放的道路中，应以唱好"双城记"和共建"经济圈"为主要抓手，围绕工业基础条件和产业资源整合、重组、优化，有效确定国内和国外高水平合作的重点领域。与此同时，还要注意两市在经济区和行政区的区域划分要保持明确的界限，由此确保两地产业经济发展拥有理想的空间，打造出具有区域性的经济板块，并与其他区域形成经济协同发展。

（二）辐射三带联动发展

就当前四川深化南向开放的总体战略目标来看，立足铁路、航运、高速公路打造立体交通网，与北部湾经济区、粤港澳大湾区、长江经济带之间形成紧密联系，最终以此为重要依托实现不断扩大对外开放的广度和加深对外开放的深度，进而确保国际优质资源和优质市场为四川经济发展所用，在充分调动固有产业资源优势作用的同时，推动新技术、新工艺、新生产流程的不断涌现，提高四川省各区域优势产能，促进各区域之间的经济发展保持高度协同。

在此期间，会出现"成德绵眉乐雅广西攀"经济带、培育壮大"成遂南达"经济带、优化提升"攀乐宜泸"沿江经济带高质量协同发展新局面，从而助力四川全省经济又好又快发展。其中，交通枢纽作用率先发挥，成就四川省在我国西南地区的经济枢纽作用的充分体现。

（三）构建现代综合交通运输体系

在我国经济发展道路中广泛流传一句俗语："要想富，先修路。"这句话也充分说明人们真正理解交通运输在经济发展道路中的重要地位。就四川省经济发展而言，打通出川的多种路径成为战略重点之一，南向开放之路更是将打造交通运输体系视为重中之重。

随着经济发展新发展格局的全面形成，四川省在深化南向开放的道路上将战略重点予以全面升级，由此确保四川省更多的优质资源能够推广至全国，甚至全世界，同时国内与国外的优质资源和优质市场能够进入四川省内，更好地服务四川经济又好又快发展。其间，立足畅通出川战略大通道、提升航空枢纽竞争力、优化综合交通网络体系、加快现代物流体系建设四方面，构建现代综合交通运输体系就成为重要使命之一，也是通过四川深化南向开放建设国家西南经济与交通枢纽的未来趋势。

第九节　四川深化南向开放加速农业转移人口市民化

城镇化是全面实现中华民族伟大复兴的重要标志，因此在中国特色社会主义建设过程中，加快城镇化进程就成为政府工作的一项重要任务。四川深化南向开放目的就是要实现全省经济高质量发展，农业转移人口市民化是必然结果。为此，在本节内容中，笔者就针对四川深化南向开放与农业转移人口市民化的关系加以深入分析，并通过其关系阐明具体实施的举措。

一、四川深化南向开放是加快区域城镇化进程的有力举措

从四川深化南向开放必然会带来的改变的角度出发，加快人口的流动是直观的体现，区域经济的协同发展由此成为现实，并推动四川省城镇化局面的全面形成。这也充分证明四川深化南向开放是加快区域城镇化进程的有力举措。

（一）四川深化南向开放与区域城镇化之间的关系

深化南向开放的目的可以归纳为三个关键词，"打通""做大""联动"。"打通"就是要与国内和国际市场建立紧密联系，形成全面立体合作，让四川省经济和社会发展体现出高度的开放性。"做大"就是确保区

域优势产业做大做强，不断开发产业经济发展的新增长点。"联动"就是要各区域和各部门之间根据某一变化而形成与之相关的变化，从而形成区域经济的协同发展局面。

从上述三个关键词来看，与国内经济圈和国际市场之间打通合作交流的渠道必须要有便利交通作为重要支撑，而交通枢纽的全面建设会推动区域产业化发展提质增速，各区域范围内的城镇也会在无形中连成片，区域城镇化发展进程也随之加快。与此同时，更要加强区域优势资源和优势产能的深度挖掘，从而在深度挖掘并满足国内与国际市场各领域需求的同时，确保产业经济在四川省发展壮大，产业的全覆盖会加速区域城镇化发展步伐。除此之外，在产业协同发展的道路中，乡村产业与城镇产业之间的相互协同也会不断拉近城镇与乡村之间的距离，这也是加快四川区域城镇化发展步伐的重要推动力。

（二）区域城镇化是加速农业转移人口市民化的理想途径

通过上文中的观点阐述，可以看出乡村产业化发展与城镇化建设进程正相关，而城镇化显著的特征就是人们的社会分工发生明显的转变，角色也由"农民"逐渐转变为"产品的制造者"。这会加快乡镇人口向城市转移的速度，从而为增加城市发展活力提供条件。

从四川省深化南向开放的战略中心角度分析，深挖国内与国际市场需求、引进国内和国际优质资源、与国内和国际形成广泛的合作交流关系是四川深化南向开放重要关注点。这在无形中让产业化发展得到区域性辐射，进而加快城镇化发展进程，乡镇人口向城镇流动的速度也会不断加快，进而导致农业转移人口的数量不断增加，"市民化"也随之成为四川省深化南向开放的主要特征，"职业农民"会成为推动四川省农业和农村发展的中坚力量。

二、四川深化南向开放是扩大城市稳定消费的重要来源

四川省深化南向开放的主体思路以扩大国内市场需求为关键，以拓展国际市场需求为重要补充，由此形成国内国际双循环发展模式。在此期间，产业化发展道路会面向乡村，为广大农村基层民众提供更多收入来源，久而久之广大农村基层民众逐步会产生向城市流动的倾向，这在无形中让城市稳定消费的来源得到扩大，进而加快农业转移人口市民化的速度，具体如下。

（一）扩大内需并增强内生动力是四川深化南向开放的重中之重

我国人口数量多，全国范围内的各种产品和资源需求量巨大，满足国内需求通常能确保我国各产业的生存需要。但是，随着社会经济发展步伐的不断加快，国内基本物质需求已经得到满足，如何确保区域经济实现高质量发展，关键在于将国内需求不断激发出来，并形成巨大的内生动力。

四川省在全面加快区域经济高质量发展道路中，明确南向开放的重要意义的同时，更将扩大内需并增强内生动力作为深化南向开放的重中之重，这也是全面扩大四川省城市稳定消费来源的理想前提。在深化南向开放的道路中，不仅要确保科技创新园区、产业园区、生态园区的建设深入乡村，确保城市绿色经济发展向乡村广泛辐射，同时要让更多乡镇居民拥有参与第二产业和第三产业的机会，从而让乡镇居民的社会角色发生转变，让深化南向开放合理改变四川产业发展格局。

（二）改革户籍制度是四川扩大城市稳定消费的重要来源

在明确扩大内需并增强内生动力是四川省深化南向开放的重中之重基础上，还要针对具体措施进行深入研究与探索，制定出具体的制度体

系，从而确保四川省城市稳定消费的来源得以不断扩大，改革户籍制度是明智的选择。

具体操作应包括两方面：一是进一步强化乡镇户口迁移政策，二是人口管理体系要实现高度创新。就前者而言，可以更好地保证乡镇居民在农业户口转移过程中的合法权益，力求乡镇居民不仅可以参与第二和第三产业发展过程，更能确保其增收路径的全面拓宽。就后者而言，建立与统一城乡户口登记制度相适应的教育、就业、社会保障、住房、土地及人口统计制度，确保乡镇居民在教育、就业、社会保障、住房、各类服务方面的需求能够得到全面满足，以此在无形中扩大城市稳定消费的来源，推动深化南向开放各项措施的高效落实。

三、四川深化南向开放是新型城镇化再提速的重要抓手

（一）四川深化南向开放加快乡村产业化发展进程

在当前四川省产业发展的整体规划中，资源集约型和生态环保型产业发展成为重点规划方向，产业集中分布在城乡。其原因主要体现在三方面：一是城乡接合部为城市发展的重点区域，二是生态环保型城市建设的边缘线在城乡接合部，三是城乡接合部交通运输能力的发展潜力巨大。

就城市发展重点区域而言，其充分说明城乡接合部在四川省区域产业发展中具备明显的地域优势，是区域经济发展的中心位置，其地位充分体现在战略层面。就生态环保型城市建设的边缘线而言，其说明城乡接合部作为生态环保型城市建设的战略起点，通常以该区域为中心向市内和郊外辐射，从而确保城市产业发展更加趋向"绿色"和"开放"。就交通运输能力的发展潜力而言，充分突出城乡接合部作为城市交通枢纽的重要节点，也是带动区域产业经济实现又好又快发展的重要支撑条件。四川省南向开放不断加深会进一步强化资源集约型和生态环保型产业建

设与发展，城乡接合部上述三个优势会显现，进而加快乡村产业化发展进程。

（二）乡村产业化发展加快新型城镇化建设步伐

乡村产业化发展道路的不断完善，不仅可以迎接新发展理念和新发展格局对四川省经济发展提出的新挑战，更能确保四川省新型城镇化建设的不断加快，为社会主义现代化强国建设提供强大的推动力。

四川省在深化南向开放的道路中，通过不断加强与国内经济圈的紧密联系和陆海新通道沿线国家的密切交流合作，将产业化发展道路延伸至乡村，让乡村优势资源与国内外优质市场，以及优质资源之间紧密结合，充分展现出"1+1 > 2"的效果，从而为乡镇居民打通更多致富之路。"农民"不再是乡镇居民唯一的角色，"新型技术工人"等角色将会长期伴随乡镇居民，从而将乡村真正建设成为新型城镇，最终助力我国不断加快城镇化发展进程，为全面实现第二个百年奋斗目标夯实基础。

第十节　四川深化南向开放注重生态文明建设

当今时代国民经济与社会发展面临两个新的要求：一是可持续发展，二是高质量发展。可持续发展是高质量发展的重要前提，所以在当今国民经济与社会发展新发展理念和新发展格局之下，经济发展必须将生态文明建设放在重要位置。四川深化南向开放之路也是如此。接下来笔者就通过图7-7，将四川深化南向开放过程中始终注重生态文明建设的重要举措加以直观呈现，在明确总体思路的基础上，将各项举措的具体实施路径进行阐述。

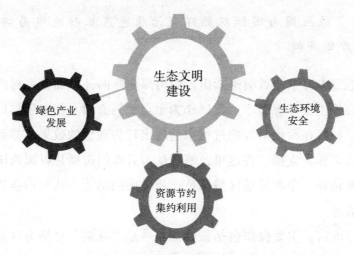

图7-7　四川深化南向开放始终注重生态文明建设的重要举措

如图7-7所示，在四川深化南向开放的道路中，确保区域经济协同发展，实现经济与社会高质量发展目标，将生态文明建设作为侧重点，确保区域经济发展的可持续性不断提升，让全省经济高质量发展转化为现实，这也充分说明四川深化南向开放的道路真正做到高瞻远瞩。在各项举措的落实过程中，如何实现充分转化还需要不断进行深入研究与探索。笔者在本节内容中，就针对四川深化南向开放如何始终注重生态文明建设进行阐述，具体如下。

一、绿色产业发展：四川深化南向开放产业化发展之路的主要侧重点

充分展现区域产业发展的特色优势，确保区域经济发展能够形成优势互补，从而推动全省经济协同发展是四川深化南向开放的主要目标。在此期间，绿色产业作为我国新兴产业，四川省作为我国生态环保大省，在区域产业结构调整中，会不断加大绿色产业的投入力度，这也是四川深化南向开放的重要着力点所在。这充分说明在四川深化南向开放过程中始终注重生态文明建设。

（一）依托国内国际双循环激活绿色产业动能成为四川激发城市活力的关键

在上节内容中笔者明确指出，四川深化南向开放加快乡村产业化发展进程会将生态环保型产业发展作为重点规划方向。在有效加以规划的基础上，如何在深化落实的过程中呈现出较为理想的效果，需要有明确的实施方案作为支撑。在这里，笔者认为有效的选择是以国内国际双循环为重要依托，全面激活区域绿色产业发展的动能，从而增强省内城市发展的活力。

具体而言，主要操作包括三方面：一是"双碳"目标为区域经济整体发展的根本目标，二是新能源产业的异军突起，三是绿色建筑业与绿色交通运输业发展作为中流砥柱。"双碳"目标不仅作为中国特色社会主义经济高质量发展的关键，更是发展可持续性全面提升的根本保障，所以四川省在当下乃至未来经济发展道路中，必须将实现"双碳"目标作为根本追求，深化南向开放也要将实现"双碳"目标置于首位。另外，绿色能源作为全面实现"双碳"目标的重要突破口，通过全国范围内的区域经济发展理念可以看出各区域已经达成高度共识，所以在全国范围内绿色能源的需求量正在不断增加，四川省加大绿色能源产业化发展的投入力度是深化南向开放的明智之举。由于建筑业与交通运输业在人们日常生产生活中能够发挥出重要的保障性作用，所以建筑业和交通运输业绿色发展也是当前区域经济可持续发展和又好又快发展所关注的焦点。四川深化南向开放就是要借助国际优质资源和优质市场充分盘活，进而充分释放四川省各区域优势产能，同时激活城市发展的动力。

（二）营造良好的绿色电商环境成为四川加快南向开放建设的重要立足点

"互联网＋"时代的到来在无形中改变了人们日常生产生活方式，人们可以足不出户满足各种物质和精神层面的需求。在这一时代背景之下，"互联网＋电子商务"模式应运而生，并成为推动社会经济发展的中坚力量。针对于此，四川省在全面深化南向开放的道路中，要通过"互联网＋电子商务"的模式深入挖掘并满足国内消费市场具体需求，同时通过互联网跨境电商开拓产品的海外市场，由此确保四川省各产业实现经济效益的最大化。

在此期间，政府有关主管部门不仅要在电子商务平台建设方面予以充足的政策保障，确保人力、物力、财力的高度充足，更要结合我国对外商品输出政策，将无公害绿色产品的线上营销作为主要抓手，提供相应的政策性补贴，以此促进电子商务领域行业竞争，同时营造出理想的绿色电商环境。这不仅充分挖掘出国内外消费市场的发展潜力，同时更能促进四川省与国际市场之间的强强合作，最终达到带动四川省产业经济全面发展的目的，让城市活力得到进一步激发。

二、资源节约集约利用：四川打造国内国际双循环经济发展模式的根本前提

资源节约型社会的全面建设是当今中国特色社会主义事业建设与发展的主题，产业化发展道路也将此作为根本理念，在当今国民经济与社会发展新发展理念与新发展格局中，将资源高度节约作为重中之重。在四川深化南向开放道路中，资源节约集约利用会在生态文明建设方面发挥至关重要的推动作用，确保四川省打造国内国际双循环经济发展模式。具体而言，主要表现在以下两方面。

（一）有效开展能源合同管理

2014年是四川全面打造全省经济与社会发展新发展格局的关键之年，四川在能源合同管理方面做出明确规定，同时强化项目实施、节能量基准确定、节能服务公司资质管理、节能量审核机构（第三方）管理、奖

励与处罚等多项内容，并在 2015 年取得了丰硕的实践成果。此时的南向开放已经历 4 年，各县、市、区已经在推进、指导、协调、监督管理能源合同方面取得显著效果，建立了节能量承包型、节能效益保障型、节能效益分享型、能源费用长期托管型合同能源管理项目类型，为四川省资源节约集约利用有效性的全面提升奠定了坚实基础。

伴随"十四五"规划的全面开展，四川省应进一步加强能源合同管理工作，高度明确能源合同管理部门的同时，将其职责做出系统性优化，以交易的效益性、安全性、合法性为基本原则，对合同的谈判、起草、审查、签订、履行、变更等环节做出明确规定，由此确保四川省在全面强化国内外合作过程中始终以资源的高度节约和节约利用为前提，助力四川省经济与社会发展始终保持高质量和又好又快发展状态，最终将"双碳"目标转化为现实。

（二）节能减排统计监测制度的完善

早在 2008 年，四川省在探索经济发展道路的过程中，就已经将发展眼光提升到战略层面，将"节能减排"作为未来经济发展的主旋律，并且不断制定出科学合理的统计监测办法和考核方法，在实施过程中成效显著。随着时代发展步伐的不断加快，全面打造"环境友好型"经济发展环境成为时代经济发展的根本任务，四川省由此全面开启进一步以"节能减排"为核心的战略部署，同时也制定出相关战略实施举措。这在全面拓宽南向开放通道，推动区域经济协同发展中发挥着重要作用。

进入"十四五"规划时期，四川深化南向开放之路更要将节能减排统计监测制度深入贯彻与落实下去，并且针对节能减排方案做出进一步调整。其中，既要指出根据各级能源消费总量的核算方法，将能源供应和消费情况进行全面统计，又要针对全省经济各产业能源消耗情况和全省人均能源消耗情况做出全面调查、抽样调查、重点调查，还要在各行业协会和能源产品生产经营企业中深入贯彻和落实节能减排统计监测制度，加强各项指标的统计工作，以此确保省内产业经济发展始终保持高度可持续性，为打造国内国际双循环经济发展模式提供根本的前提条件。

三、生态环境安全：四川打造内陆开放新高地的基本原则

生态环境安全是国民经济与社会发展的重要保障，所以区域经济发展之路的探索必须将保护生态环境安全作为一项基本任务。四川在深化南向开放道路中，将经济发展的可持续性作为基础中的基础，可助力内陆开放新高地的全面建设。具体而言，主要表现在以下两方面。

（一）提升生态文明建设水平

生态经济的发展可加快社会主义市场经济高质量发展步伐，合作共赢和持续发展是生态经济的核心所在。所以四川省在深化南向开放的道路中，不仅将国内和国际的深度合作视为重中之重，更将生态文明建设作为基本战略重点。

在这里，笔者认为既要加强资源创新开发机制的建设与完善，同时还要强调生态修复机制的不断优化。除此之外，在产业结构升级调整引导和资源开发惠民利民方面，也要进入机制化发展阶段，从而确保四川省生态文明建设水平的不断提升，保证四川省经济发展的各项战略部署都能在生态环境高度安全的前提下进行。这是四川省深化南向开放的根本前提，也是经济与社会发展可持续化和始终保持又好又快发展的根本所在。

（二）推动城镇、农业、生态三类空间布局的形成

在四川省不断深化南向开放的道路中，城镇化发展进程会在无形中不断加快，同时农业发展和生态化建设也会随之达到前所未有的高度，这更推动四川省城镇、农业、生态三类空间布局的全面形成。

具体而言，在城镇空间方面，以产业布局为重要依托，不仅要强调

优势资源的合理开发和利用，同时要加强特色农业的产业化发展，进而形成以中心城市为核心、以交通枢纽为轴、以次中心城市为增长极、以各乡镇政府为次增长极的产业发展群体，由此突出城镇经济发展的特色和不竭的动力。在农业空间方面，将传统农业作为基础中的基础，强调农田区与农产品加工区域的健康发展，确保粮食和经济作物产量稳中有升的同时，注重提高特色农业的发展速度，进而在全省范围内建立起传统农业和特色农业经济带，让四川省成为我国具代表性的现代农业示范区。在生态空间方面，要严格遵照国家关于自然环境保护制度的相关规定，将全省范围内的森林公园、水资源保护区、生态公益林、重要江河水系等生态用地加以全面保护，最大限度避免地质灾害的出现，让生态系统服务和环境保护功能在四川省最大限度体现，进而形成理想的生态空间布局，确保人与自然、人与社会、自然与社会和谐共生。

第十一节　四川深化南向开放提升区域整体科技与科研水平

科技创新的不断进步和科研成果的不断涌现是推动国民经济和社会发展的核心力量，所以在当今时代国民经济和社会发展新发展理念和新发展格局之下，四川深化南向开放之路不仅要将如何确保区域经济协同发展放在重要位置，更要将深挖推动四川省区域经济协同发展，并实现经济高质量发展的核心力量放在重要位置，以此方可确保切实提升区域整体科技与科研水平。在本节内容中，笔者就以此为立足点，将实施路径做出明确阐述，具体如下。

一、国际科技合作：四川深化南向开放道路重要的科技创新资源保障条件

科技创新能力的全面发展是科技水平不断提升的重要前提，也是四

川深化南向开放所要取得的成果之一。在此期间，国际科技合作项目数量的不断增加会全面丰富科技创新资源，为提升四川省科技水平提供强有力的保障作用，同时更能为四川深化南向开放保驾护航。在此期间，理想的实践路径主要包括以下两方面。

（一）依托本省特有优势完善对外科技合作模式

科技创新之路之所以任重而道远，是因为探究的视角和深度永无止境，要不断结合实际需要探索技术创新，将技术创新方向不断拓展，还要不断加大技术延伸的力度，从技术领域的广度和深度上实现科技创新，引领并推动时代的发展。

四川省在深化南向开放的道路中，全面推动区域经济协同发展就必须进一步强调产业自身优势的最大化发挥，从而形成各区域之间产业优势互补。其间，技术创新为达到这一最终目的提供重要保证。为此，四川省在全面深化南向开放，不断提升科技水平的同时，还要注重对外科技合作模式的构建与运用。应用模型包括与南亚、东南亚各国共同进行产业技术的"研发""孵化""创新""提升""整合"，并最终形成四川独有的技术品牌。随着四川深化南向开放步伐的不断加快，对外科技合作的对象还要不断进行扩展，由此为科技创新资源的整合和科技创新成果的最大化提供强有力的保障条件。

（二）立足科技创新成果转换培养国际科技合作人才

科技创新最终的目的就是要将新研发的科技成果在产品设计、研发、生产、加工中得到有效运用和全面推广，最终实现更好地服务产业经济发展，让区域产业经济发展的优势得到最大限度体现。因此，四川省在全面深化南向开放的道路中，以高度开放的姿态为前提，立足科技创新成果转换培养国际科技合作人才是提高四川省区域整体科技水平的基础。

其间，既要与南亚和东南亚各国高校之间建立合作关系，在合作研发创新科技成果的同时，还要就科技成果本身的实操性和可转化性进行深入探究，并且将科技创新研发过程所总结的经验，以及最终所获得的成果进行全面收集和整理，可将其作为校本教材。通过"产学研"协同模式建立国际科技合作人才培养路径，以此确保四川省科技创新水平不断提升，最终助力四川省区域经济协同、创新、高质量发展，让区域经济发展的可持续性得到进一步增强。

二、粤港澳大湾区对接：四川深化南向开放道路重要的科技支撑

粤港澳大湾区作为我国华南地区经济、文化、教育、科技中心，也是当今时代我国大力发展的经济区，汇集众多科技研发团队服务该区域经济高质量发展。四川在深化南向开放道路中，与粤港澳大湾区主动对接，会推动四川省科技水平的进一步提高，为全面加快四川省区域经济协同发展步伐，并最终实现全省经济高质量发展提供强有力的科技支撑作用，而也是四川深化南向开放实现成果最大化的重要支撑条件。

（一）加强对接

四川省在深化南向开放道路中，要高度明确科学技术在推动区域经济发展中的重要作用，更要高度明确"闭门造车"不适用于科技创新与研发的全过程。四川省将对接粤港澳大湾区视为一项重要任务，力求与其技术研发机构之间能够形成主动接触，努力实现接触过程的无缝化，让先进生产技术的研发理念、研发思路、研发方案更好地服务四川省区域经济的协同发展。

在此期间，四川省要与粤港澳大湾区科研机构共同掌握产业发展道路中的技术需求，并了解当前技术研发的瓶颈和最前端的科研成果，确保四川省在深化南向开放的过程中始终充分掌握科技信息，为不断深化南向开放之路提供重要的科技支撑条件。另外，政府相关主管部门要科

学进行规划布局，制订明确的计划，确保与粤港澳大湾区科研机构之间的主动对接具有明确目标、原则、主要领域、重要举措，进而确保四川省与粤港澳大湾区之间建设一条技术走廊，用科技创新更好地服务四川省区域经济发展，力保各个区域之间的发展能够保持高度协同，从而增强区域经济发展的可持续性和高效性。

（二）加强引进

就四川省深化南向开放中全面提升科技创新水平的路径而言，四川省与粤港澳大湾区之间的主动对接显然不能单纯保持"走出去"这一思想，更要将优势资源主动"引进来"，形成另一种主动对接渠道，由此方可确保粤港澳大湾区优势资源进驻四川省内，服务于四川省区域经济发展。

其间，要根据区域科技合作联席制度，努力争取会议主席单位，借承办地的优势让更多先进科技研究成果在四川省内展示。这为本地科技创新研发机构了解、引进、合作开发新技术提供了理想的契机。在此过程里，四川省有关科研部门有机会学习更多先进经验，同时也能与粤港澳大湾区科技创新企业、机构、团体之间建立密切合作的关系，有助于本土科技创新企业、机构、团体进一步深化科技创新成果，让四川省区域经济又好又快发展拥有有力的科技支撑条件。

（三）加强交流

四川省在全面深化南向开放的道路中，与粤港澳大湾区实现科技和科研领域的无缝对接，不仅要将对接和引进过程视为重中之重，更要将合作和交流环节视为重要组成部分，在相互借鉴经验的同时找出科技创新成果研发的新视角以及技术攻关的新方案，科技水平才能切实提升。其间，必须具备必不可少的前提条件、动力条件、保障条件。

就前提条件而言，要建立科技基础设施的共享机制，力保科技创新研究的全过程拥有理想的物质条件和广阔平台。就动力条件而言，必须做到人才资源在两地之间保持有序流动，确保技术研发和技术攻关过程的实操人员及时到位，从而让新技术的实操性能够得到充分验证。就保障条件而言，必须具备高度完善的创新政策，从而保证两地技术创新道路不仅拥有人力、物力、财力上的保障，更在环境和制度的优化上得到政策层面的支持，以此让更多学术机构、相关产业、科研机构、高等院校顺利融入科技创新研发全过程，形成多方合作交流局面，最终为四川省区域经济又好又快发展提供重要的科技支撑。

三、国际科研成果转化：四川深化南向开放道路全面提升区域经济发展高度的核心动力

区域经济高质量发展不是只关注一时，而是要保持长远，关注的重点在于可持续性。科技创新是区域经济高质量发展的核心动力之一，科技创新成果的不断转化成为确保区域经济高质量发展全面提升可持续性的核心动力。在四川深化南向开放的过程中，全面加强科技创新项目合作研发是一项至关重要的内容，实现国际科研成果转化成为全面提升区域经济发展高度的核心动力所在，在四川深化南向开放方面具有较强的反哺作用。笔者认为确保国际科研成果转化应从以下两方面入手。

（一）立足共同研发打造"创新飞地"

南向开放不仅仅打开了四川省经济发展的大门，也打开了其他南向省份经济发展的大门。因此在时代经济发展新发展格局之下，四川省不仅要将打通南向开放通道作为一项重要使命，更要将不断深化南向开放作为未来经济发展的一项重要命题。

其间，不仅要将国内外经济发展的模式不断加以优化，更要将高质量服务国内外经济开放的科研成果及转化过程不断进行深入研究与探索，以此来推进四川省和其他南向省份经济高质量发展的步伐。在此期间，

四川省与其他南向开放省份以及陆海新通道沿线国家进行科技创新合作，在大胆想象的同时，围绕各地区自主创新的经验和能力，深入探索科技创新方案和成果，进而带动四川省核心科技水平和研发能力提升，确保四川省智能工业、生物工程、新材料等产业的发展能够拥有智能化设备和方案。除此之外，还要大力倡导合作研发机构人员深入四川省各产业之中，立足新技术研发成果的应用进行潜心指导和有针对性优化，并建立科技创新产业园区，确保国际科研成果应用市场得到最大限度拓展，同时让四川省真正成为我国西南地区的"创新飞地"，最终成就区域经济整体的高质量发展。

（二）"借船出海"开拓国际新兴市场

深化南向开放通道的构建关键在于"走出去"，其不仅体现在商品和资源方面，更体现在技术与活力方面，让企业最优质的产品和区域优势资源能够通过陆海新通道进入东南亚和南亚各国。同时让能够满足他国技术需求的生产技术"走出去"，进而增强国际市场的经济活力，助力四川经济高质量前行，推动南向开放的不断深化。

其间，四川省对外经济主管部门不仅要提供相应的配套服务，还要有专门人员与合作国进行对接，以此避免"知识产权侵犯"和"技术壁垒"情况的出现。另外，还要注意在陆海新通道沿线国家建立产业园和创新科技园，共同开展新技术和新项目研发，将成果有效运用至当地产业发展和四川省产业发展全过程之中，从而让国际科研成果转化能力在国外和国内同时体现，进而开拓出国际新兴市场，确保四川省区域经济发展势头始终保持强劲，切实满足新发展理念、新发展格局对四川省区域经济整体发展所提出的新要求。

第十二节　四川深化南向开放提升区域整体教育水平

　　区域经济实现高质量发展离不开人才，高质量人才的不断涌现关键的一环就是教育水平不断提升，四川省经济高质量发展也是如此。这意味着四川深化南向开放之路必须在全面提升区域教育水平上加以高度重视。接下来笔者就先通过图 7-8，将四川深化南向开放全面促进区域教育水平整体提升的具体举措加以直观呈现，之后针对如何有效通过四川深化南向开放全面促进区域教育水平整体提升进行系统性说明，由此确保在四川深化南向开放的道路中，全省教育水平能够得到全面提升，实现全省经济与社会始终保持高质量发展，具体如下。

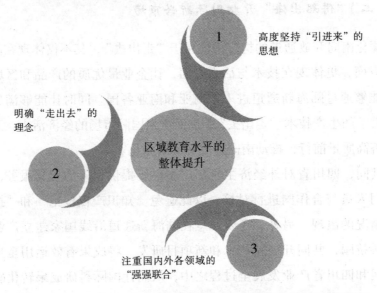

高度坚持"引进来"的思想

明确"走出去"的理念

区域教育水平的整体提升

注重国内外各领域的"强强联合"

图 7-8　四川深化南向开放全面促进区域教育水平整体提升的重要举措

　　如图 7-8 所示，四川在深化南向开放的道路中，高度注重人才资源建设的基础性，在国内与国外开放合作项目中，高度关注人才培养道路的全面构建，进而为全面提升四川省教育整体水平起到至关重要的推动作用。各项举措在未来实践过程中切实达到预期目标却并非易事，需要对实践路径不断进行深入研究与探索，由此方可转变为现实。针对于此，笔者在本节内容中，就围绕如何立足四川深化南向开放全面促进区域教育水平整体提升进行详细阐述，希望能够为广大学者及相关从业人员带来一定的启发，具体如下。

一、"引进来"：四川深化南向开放道路人才培养理念革新的起点

思想会决定意识，意识会决定行为取向，行为取向会影响最终的结果，区域经济能否实现高质量发展也是如此。从四川深化南向开放的全过程来看，以开放促发展是根本思想，高质量人才的全面引进则是基本的条件之一。所以在四川深化南向开放的道路中，将高质量人才充分"引进来"，并将引进人才作为促进人才培养的一项重要任务，人才培养理念也会随之得到全面革新，进而促进四川省高质量人才培养模式的不断优化，以更好地服务于全省经济与社会的高质量发展。针对于此，笔者认为具体操作应重点关注以下两方面。

（一）围绕多线并举汇聚国内多方先进人才培养理念

从人才培养的全过程出发，将最优质的教育"引进来"不能局限在教育资源引入上，引入具有创新性的教育理念更重要，因为理念滞后会导致过程单一和乏味，会造成人才培养效果不理想的局面。

四川省在深化南向开放的道路中，在产业人才培养的全过程中必须坚持"引进来"的思想，其中关键的一环就是要让先进的人才培养理念汇聚四川，从而开创出产业人才培养新局面。其间，必须坚持"多线并举"这一原则，让更多具有创新性的人才培养理念通过不同渠道进入省内，为不断优化四川省产业人才培养模式提供理想的前提条件。在此期间，既要做到与国内各大经济圈的对接，又要借助陆海新通道与沿线国家之间保持经验对接，以此确保人才培养模式同四川经济与社会发展新发展格局高度适应。

（二）依托高度开放国际优质教育资源共享不断优化人才培养理念

四川省深化南向开放的根本立足点就是全面立体开放，让开放的程度得到进一步提升，以此打造出理想的产业发展格局和经济发展环境。根据这一立足点，四川省在产业人才培养道路中，必须以高度开放的姿态博采众长，确保高质量产业人才培养的效果达到理想化，更好地服务区域产业和经济的高质量发展。

在这里，笔者认为要以开放的国际优质教育资源共享为依托，借助资源优势探索人才能力培养的主要方向，之后要与四川省产业结构调整和经济高质量发展所提出的新要求相对比，找出优势资源针对人才能力与素质的发展产生推动作用，进而制定出相应的人才培养目标，并将其作为人才培养理念的重要补充，最后以此为立足点确定产业人才培养方案和实施路径与策略。

二、"走出去"：四川深化南向开放道路人才培养新思路的重要来源

"走出去"是学习成功经验、全面拓展发展视野有效的方式。四川省在深化南向开放的道路中，与国际的各项交流活动更是倡导"走出去"这一合作思想，其目的就是切身实地感受发展经验的成功之处，从而加深关于成功的理解。在此期间，人才培养工作也受到深刻的影响，并最终形成高度开放的人才培养思路，为全面加快四川省经济与社会高质量发展步伐源源不断输送高质量人才，深化南向开放的效果也会更加理想。具体操作应体现在两方面。

（一）立足与北部湾、粤港澳大湾区、京津冀一体化、长江经济带相对接加快产业人才培养

人才的流动性会推动区域经济的高质量发展，在人才流动的过程中

留住人才并培养更多的高质量人才会更好地促进区域经济高质量发展。四川省在全面深化南向开放的道路中，加速国内高质量人才的流动性要从人才合作培养入手，立足四川省全面立体交通枢纽的优势，与北部湾、粤港澳大湾区、京津冀一体化、长江经济带相对接，共同探索产业高质量人才培养方案，并在人才培养实践活动中全面落实。

在此期间，四川省人力资源主管部门要与上述经济圈中的优质企业、团体、组织保持积极合作，针对高质量人才合作培养平台的构建，以及平台的应用方案不断进行深入探索。在人才合作培养平台的运行过程中，要让更多的人才深刻认识到四川省区域产业发展的优势和区域经济协同发展的潜力，进而让更多的人才长期留在四川省，更好地服务区域产业的协同发展，加快四川省经济高质量发展进程。

（二）立足陆海新通道开展国际人才培养交流活动

四川省在深化南向开放的道路中，"走出去"的人才培养思想不能仅仅局限于国内，要在关注国际人才培养视野的同时，在实践中与国内外知名企业共同开展人才培养交流活动。

在此期间，四川省人力资源管理部门要借助陆海新通道，与南亚、东南亚、欧洲各国之间建立国际人才培养方案，定期开展国际人才培养交流活动，让国内更多优秀人才拥有进入国外知名企业学习深造的机会，从而让先进的企业发展理念和产业发展视角深入人心，从而让四川省优秀的产业型人才转变成为国际型人才，推动四川省产业协同发展和实现经济与社会高质量发展。这是四川省产业人才培养新思路的重要来源，也是不断深化产业结构调整、有效去除落后产能和剩余产能、有效去除产业杠杆的重要保障条件，最终让四川省经济发展与中国经济发展新发展理念和新发展格局高度适应。

三、"强强联合"：四川深化南向开放道路人才培养模式构建的基本路径

人才培养模式是否与时俱进直接关乎人才培养效果好坏，所以在人才培养道路的探索中，必须以博采众长的姿态不断完善人才培养模式，"强强联合"成为"基本选项"。在四川深化南向开放道路中，打造高度开放的人才培养模式是一项重要的任务，是四川省全面培育高质量产业人才的有力抓手。所以牢牢把握四川省深化南向开放这一基本任务，全面构建高度开放的人才培养模式是重点之一，可行性操作如下。

（一）国内外高校与科研机构携手共建"产学研用"人才培养模式

"产学研用"作为当前高等教育重要的人才培养模式，不仅能帮助高校大学生夯实专业理论基础，更能帮助高校大学生了解行业发展动态、提高实践能力、培养科研能力。所以四川省在深化南向开放的道路中，应该将该培养模式作为人才培养的主要模式，具体操作应包括三方面。

一是与国内外高校和科研机构广泛建立合作关系，二是倡导国内外高校、科研机构、企业参与人才培养路径构建的全过程，三是将国内外高校、科研机构、企业、行业主管机构、政府有关主管部门作为人才培养质量评价的主体。通过以上三方面的操作，不仅可以让高校更好地为产业培养高质量人才提供强大的理论支撑条件、实践支撑条件、科研支撑条件，科研机构也随之具备科研成果转化条件，企业也能从中获得适合自身发展的高质量人才，最终全面提升四川省行业发展的可持续性，不断加快产业化发展进程并实现区域经济的高质量发展。

（二）深挖国际优势教育资源，共筑海外联合人才培养模式

就教育形势而言，虽然国内与国外存在明显的差异，但都具有明显

的优势。所以国内教育的发展往往会借鉴国外的成功经验，而国外提升教育水平也会参考我国教育领域所取得的成果，由此为教育水平的可持续提升提供潜在的动力。

四川省在深化南向开放的道路中，人才培养不仅要关注国内先进的人才培养模式，还要关注国际优秀教育资源，引进教育资源的同时还可开展联合培养，从而保障四川省区域产业的协同发展，开创出经济与社会高质量发展局面。在此期间，具体操作应包括三个步骤：一是通过陆海新通道，了解沿线国家产业人才培养的新动态；二是结合四川省人才培养的实际需求，明确沿线国家人才培养模式和资源能够提供的补充条件；三是与沿线国家建立合作关系，保持资源高度共享，形成海外联合人才培养模式。以上步骤让四川省产业人才培养过程真正"走出去"，拓宽产业人才培养道路，确保四川省产业人才供给充足，为区域经济又好又快发展提供长足动力。

参考文献

[1] 中共中央宣传部理论局. 新发展理念研究：治国理政论坛系列理论研讨会论文集：2016 年 [M]. 北京：学习出版社，2017.

[2] 刘德海. 绿色发展 [M]. 南京：江苏人民出版社，2016.

[3] 蒋伏心. 协调发展 [M]. 南京：江苏人民出版社，2016.

[4] 张二震. 开放发展 [M]. 南京：江苏人民出版社，2016.

[5] 刘元春. 读懂双循环新发展格局 [M]. 北京：中信出版社，2021.

[6] 张静. 新发展理念视域下乡村振兴研究 [D]. 北京：中央民族大学，2021.

[7] 杜方鑫. 西部陆海新通道参与省市同东盟国家贸易潜力研究 [D]. 南宁：广西大学，2021.

[8] 袁潞棋. 新发展理念的理论内涵及其实践价值研究 [D]. 长春：长春理工大学，2021.

[9] 李一芬. 论新发展理念的科学内涵及其实践价值 [D]. 北京：北京邮电大学，2019.

[10] 吕炬. 新发展理念的生发渊源研究 [D]. 呼和浩特：内蒙古师范大学，2021.

[11] 张一桐. 新发展理念下中国共享经济发展研究 [D]. 大连：辽宁师范大学，2020.

[12] 丁俊伊. 四川省工业高质量发展的统计实证研究 [D]. 成都：成都理工大学，2020.

[13] 赵梓伊.四川省资源型城市产业转型及发展路径研究[D].成都：西南财经大学，2019.

[14] 张宵.新发展理念背景下东北地区经济高质量发展问题研究[D].大连：东北财经大学，2019.

[15] 李彦博.基于新发展理念的中国县域经济发展研究[D].武汉：武汉大学，2017.

[16] 王博."两山"理念视域下以产业转型推动"共同富裕"的实践：以四川省绵竹市清平镇为例[J].乡村论丛，2021（6）：20-26.

[17] 刘昌历.践行绿色低碳发展新理念 开启"十四五"发展新征程 2021年全国企业家活动日暨四川企业家年会在成都召开[J].经营管理者，2022（1）：32-33.

[18] 中共彭州市委党校课题组.新发展理念背景下构建现代乡村产业体系的调查与思考：以四川省彭州市宝山村为例[J].中共四川省委党校学报，2022（1）：90-100.

[19] 宋新建.新发展理念推进新型城镇化建设研究[J].成都工业学院学报，2021，24（3）：87-91.

[20] 陈联新,陈义轩,李建琴,等.宜宾市蚕桑产业发展"十三五"回顾与"十四五"展望[J].中国蚕业，2021，42（4）：29-34.

[21] 康璇.以新发展理念引领城乡基本公共服务均等化：以四川省乐山市为例[J].中共乐山市委党校学报，2019，21（4）：95-99.

[22] 徐杰.做绿色发展理念的积极践行者[J].中国机关后勤，2019（9）：49-51.

[23] 刘琳,唐千惠,刘佩佩,等.2020年,四川工业发展这样干！[J].经营管理者，2020（Z1）：41-43.

[24] 赵静.四川省经济高质量发展水平测度及时空分布[J].市场周刊，2020（4）：47-49.

[25] 陈晖.更好服务全国开放发展大局 努力走在西部全面开发开放前列：专访四川省发展和改革委员会主任李刚[J].当代兵团，2020（14）：29.

[26] 庞淼.新发展理念下绿色高质量发展的转型与创新：以成都市"西控"区为例[J].农村经济，2020（6）：99-105.

[27] 谷满意. 新发展理念下中国资源衰退型城市产业选择原则研究: 以四川省泸州市为例 [J]. 中国发展, 2017, 17（6）: 49-54.

[28] 彭万. 西部县域经济高质量发展初探: 以四川兴文县为例 [J]. 现代商业, 2022（19）: 59-62.

[29] 唐小平. 创新发展理念 引领产业发展: 沿滩区柑橘产业发展现状与思考 [J]. 四川农业科技, 2015（11）: 61-63.

[30] 张釨, 蒋晓阳, 陈国庆. 新时期会展业高质量发展: 基于双循环新发展格局的思考 [J]. 商展经济, 2020（13）: 4-6.

[31] 刘定. 准确把握需求侧管理 构建四川经济新格局 [J]. 四川省情, 2021（1）: 55-56.

[32] 王世友. 以新发展理念引领西部大开发 [J]. 人民论坛, 2021（4）: 53-55.

[33] 蒋瑛, 黄其力. 有效投资促进"双循环"新发展格局形成的机理研究 [J]. 求是学刊, 2021, 48（3）: 75-85.

[34] 义旭东, 宋丁丁. "双循环"新发展格局下科技创新发展效率分析: 以四川省为例 [J]. 江汉石油职工大学学报, 2021, 34（2）: 83-85, 88.

[35] 夏意. 科技创新对四川省经济增长影响的实证研究 [J]. 环渤海经济瞭望, 2021（4）: 62-63.

[36] 何涛, 衡容. 国际产业链重构新动向与四川加快南向开放的思考 [J]. 决策咨询, 2021（3）: 9-15.

[37] 杨雪婷, 许小君, 陈希勇, 等. 基于县域尺度四川省五大经济区高质量发展水平空间格局与分异 [J]. 西南大学学报（自然科学版）, 2021, 43（8）: 105-115.

[38] 龙云安, 周建娇, 肖潇, 等. 成渝地区双城经济圈协同发展评价指标研究 [J]. 西华大学学报（哲学社会科学版）, 2021, 40（4）: 76-84.

[39] 朱华雄, 周文蕾, 阳甜. "双循环"新发展格局: 历史演化与展望 [J]. 新疆师范大学学报（哲学社会科学版）, 2021, 42（5）: 73-86.

[40] 程志高. 论新发展阶段的内涵要义、现实挑战和路径建构 [J]. 创造, 2021, 29（7）: 18-24.

[41] 李萍,刘远鹏,卢大文."双循环"新格局下成渝地区产业链金融创新发展:理论逻辑、历史基础与现实选择 [J]. 成都行政学院学报,2021（4）:4-12.

[42] 张成明."双循环"新格局下县域经济发展的突围之路 [J]. 当代县域经济,2022（1）:12-16.

[43] 李志国,蔡华. 将成渝地区双城经济圈打造成为重要产业链备份基地 [J]. 重庆行政,2022,23（2）:11-14.

[44] 戢梦雪,岳朝敏."双循环"新发展格局下四川提升南向开放路径研究 [J]. 中国西部,2022（2）:57-64.

[45] 赵丽,杨滢,阮欣怡,等. 成渝双城经济圈经济集聚对区域经济增长的影响分析 [J]. 全国流通经济,2022（6）:98-100.

[46] 范毅.2019 年四川经济稳健前行 [J]. 四川省情,2020（1）:1-3.

[47] 张利利,李锐. 经济发展成就显著 引领作用持续增强 四川天府新区建区以来发展成就综述 [J]. 四川省情,2020（10）:12-14.

[48] 王晋. 融入"双循环":成都的新机遇与新方略 [J]. 先锋,2020（11）:29-30.

[49] 杨继瑞,杜思远,冯一桃. 成渝地区双城经济圈建设的战略定位与推进策略:"首届成渝地区双城经济圈发展论坛"会议综述 [J]. 西部论坛,2020,30（6）:62-70.

[50] 孙艺璇,程钰,刘娜. 中国经济高质量发展时空演变及其科技创新驱动机制 [J]. 资源科学,2021,43（1）:82-93.

[51] 贾洪文,张伍涛,盘业哲. 科技创新、产业结构升级与经济高质量发展 [J]. 上海经济研究,2021（5）:50-60.

[52] 潘雅茹,罗良文. 基础设施投资对经济高质量发展的影响:作用机制与异质性研究 [J]. 改革,2020（6）:100-113.

[53] 孙豪,桂河清,杨冬. 中国省域经济高质量发展的测度与评价 [J]. 浙江社会科学,2020（8）:4-14,155.

[54] 上官绪明,葛斌华. 科技创新、环境规制与经济高质量发展:来自中国 278 个地级及以上城市的经验证据 [J]. 中国人口·资源与环境,2020,30（6）:95-104.

[55] 吕平，袁易明．产业协同集聚、技术创新与经济高质量发展：基于生产性服务业与高技术制造业实证分析 [J].财经理论与实践，2020，41（6）：118–125.